Regina Schlager

Mutig mit dem Herzen führen

Gespräche mit Frauen, die ihre Berufung gestalten

www.tredition.de

© 2016 Regina Schlager
Covergrafik: fotolia.de - vertyr
Foto Isabella Klien: © Christian Maislinger
Foto Dorit Schmidt-Purrmann: © Frederike Asael
Foto Alexandra Fingerhuth-von Muralt: © Frederike Asael
Weitere Fotos: Rechte bei den Interviewten
Foto Regina Schlager: © Regine Mosimann

Verlag: tredition GmbH, Hamburg

ISBN
978-3-7345-4786-7 (Paperback)
978-3-7345-4787-4 (Hardcover)
978-3-7345-4788-1 (e-Book)

Printed in Germany

Das Werk, einschließlich seiner Teile, ist urheberrechtlich geschützt. Jede Verwertung ist ohne Zustimmung des Verlages und des Autors unzulässig. Dies gilt insbesondere für die elektronische oder sonstige Vervielfältigung, Übersetzung, Verbreitung und öffentliche Zugänglichmachung.

Bibliografische Information der Deutschen Nationalbibliothek: Die Deutsche Nationalbibliothek verzeichnet diese Publikation in der Deutschen Nationalbibliografie; detaillierte bibliografische Daten sind im Internet über http://dnb.d-nb.de abrufbar.

Inhalt

Einleitung ... 7

1 Weibliche Führungskraft bedeutet, mutig mit dem Herzen zu führen ... 11

Isabella Klien: Mit Führungs-Kraft auf das Wesentliche ausrichten ... 13

Daniele Kirchmair-Neuses: Weiblichkeit entwickeln und männliche Qualitäten integrieren ... 23

2 Die Beziehung mit Ihnen selbst bereitet den Boden für alle anderen Beziehungen ... 33

Gabriela von Arx und Jeannine Born: Achtsamkeit und Selbstmitgefühl als Basis für mutige Veränderung ... 35

Martina Walther: In seine Berufung hineinwachsen durch Bewegung und Stille ... 48

Nicole Stadler: Achtsam mit der eigenen Energie umgehen ... 58

3 Der Raum des Nichtwissens ist der Ort, wo das Neue entsteht ... 71

Christine Jung: Die innere Stimme hören lernen und ihr vertrauensvoll folgen ... 73

Dorit Schmidt-Purrmann: Unseren individuellen Ton entdecken ... 83

4 Der Mut will seine Stimme finden ... 93

Alexandra Fingerhuth-von Muralt: Sich auf dem Arbeitsmarkt authentisch präsentieren ... 95

Reingard Gschaider: Charisma zeigen und mit dem Mut zum Ausdruck mehr bewirken ... 103

5 Was uns im Weg ist, ist der Weg ... 113

Über Regina Schlager ... 115

Einleitung

Ihr Leben ist kostbar. Es ist ein Geschenk, mit all den Talenten und Stärken, die Sie haben. Wenn Sie dieses Geschenk annehmen, kommen Sie in Ihre volle Kraft. Was Sie beitragen, ist einzigartig.

Besonders Frauen spüren das heute ganz deutlich. Sie wollen sich in ihrer Arbeit ausdrücken, Sinn erleben und gemeinsam mit anderen eine lebenswerte Gegenwart und Zukunft gestalten. Sie nehmen wahr, dass wir mit unseren herkömmlichen Denk- und Handlungsmustern sowie den Strukturen, die wir geschaffen haben, an Grenzen stoßen. Doch die eigene Berufung zu finden und zu gestalten verlangt Mut von uns. Stimmen von innen und von außen wollen uns glauben machen, dass das naiv und doch gar nicht möglich ist.

Diesen Prozess der Gestaltung möchte ich unterstützen. Daher rief ich im September 2015 die Online-Berufungskonferenz ins Leben. Ich führte eine Woche lang Gespräche mit elf interessanten Frauen – alle erfahrene Coaches, Beraterinnen und Therapeutinnen. Man konnte live zuhören oder später die Aufzeichnung anhören. Die Sprecherinnen erzählten über ihren eigenen Berufungs- und Führungsweg. Und sie gaben ganz konkrete Hinweise, was auf dieser Reise für sie hilfreich war. Am Ende der Woche ergab sich aus diesen individuellen Perspektiven ein Gesamtmosaik.

Viele Zuhörerinnen und Zuhörer fühlten sich inspiriert, bestärkt und ermutigt. Ich fühlte mich gerufen, die Beiträge der Konferenz auch in Buchform zugänglich zu machen (ein Gespräch ist im Buch nicht vertreten). Gleichzeitig wollte ich auch meine eigene Stimme deutlicher einbringen, als ich es als Gründerin, Organisatorin und Gastgeberin der Konferenz tat. So arbeitete ich fünf Hauptaspekte heraus, die aus meiner Sicht wichtig sind, um mutig mit dem Herzen zu führen und seine Berufung zu leben.

Die Inhalte der Gespräche der Konferenz und den Charakter des mündlichen Austausches wollte ich beibehalten. Die gesprochene

Sprache habe ich daher nur soweit bearbeitet, dass die Beiträge gut lesbar sind. Es handelt sich also nicht um stark redigierte Interviews, wie es sonst in Printmedien oft der Fall ist. Ich bin davon überzeugt, dass Ihnen das ermöglicht, unmittelbar und intensiv in die Gespräche einzutauchen.

Dieses Buch will ein Impulsgeber sein. Es ist kein Ratgeber. Es lädt zur Selbstreflexion und zum Dialog ein. Es richtet sich an Frauen in Führungsfunktionen in Firmen und Organisationen, an Unternehmerinnen sowie an alle anderen Frauen, die Verantwortung übernehmen für ihr Leben und ihre Arbeit. Und natürlich sind auch alle Männer eingeladen, die sich angesprochen fühlen; ich freue mich sehr, wenn sie es lesen.

In den Gesprächen geht es um die sinnvolle Gestaltung des eigenen Lebensweges und um ein neues Verständnis von Führung. Lange Zeit hätte ich mich nicht als Führungskraft bezeichnet. Das waren immer nur andere, mein Chef, meine Chefin, Menschen im Wirtschaftsteil der Zeitung. Und ich strebte diese Rolle auch gar nicht an, war sie für mich doch verknüpft mit Machtspielen, Aufopferung persönlicher Bedürfnisse und sich verausgaben bis zur Erschöpfung.

In den letzten zehn Jahren habe ich erfahren, dass es auch anders möglich ist. Ich las und hörte viele Geschichten von Menschen, die sich von ihrem inneren Feuer leiten lassen und mit dem, was sie als ihre Aufgabe erkennen, auf die Bedürfnisse der Welt antworten. Und ich lernte solche Menschen auch persönlich kennen. Das war sehr inspirierend für meinen eigenen Weg. Ich kündigte meinen Angestelltenjob in Wien, zog in die Schweiz und machte mich hier selbständig.

Meine heutige Sicht ist, dass Berufung und Leadership – wie ich gerne die neue Haltung der Führung bezeichne – untrennbar miteinander verbunden sind. Ich wuchs in einem jahrelangen Prozess in meine eigene Führungskraft hinein. Mein Verständnis von Arbeit veränderte sich. Arbeit ist für mich nicht mehr etwas, das nur in Lohn bemessen werden kann, sich schwer anfühlen muss und abgetrennt ist von dem, was bedeutsam für mich ist. Sie ist ein wesentlicher Ausdruck dessen, wer ich bin und wofür ich hier bin: in diesem Leben, genau hier, an diesem Ort, zu dieser Zeit. Das wünsche ich jedem Menschen. Das wünsche ich Ihnen!

Regina Schlager, Zürich im August 2016

1 Weibliche Führungskraft bedeutet, mutig mit dem Herzen zu führen

Unserer Berufung gemäß zu leben heißt, unser Herz zu öffnen und der Welt unsere Schönheit zu schenken. Haben Sie schon bemerkt, dass Märchenheldinnen schön sind? Das drückt aus, dass sie mit ihrer inneren Welt in Kontakt sind und sich ihrer Aufgabe stellen. In der Schönheit drückt sich ihre Einzigartigkeit aus.

Wenn wir die Verantwortung für unser Leben und unsere Arbeit übernehmen, dann kommen wir in die Selbstbestimmung. Wir übernehmen Führung. Das bringt uns in unsere Kraft. Wir sind Führungskraft, mit oder ohne formale Führungsposition.

Damit meine ich allerdings nicht einen einsamen Egotrip, bei dem wir unsere Ellenbogen einsetzen, um andere wegzuschubsen und als die Besseren hervorzugehen. Und doch haben wir Strukturen geschaffen, die solch eine Verhaltensweise begünstigen, wenn nicht sogar erfordern.

Das Weibliche wurde über Jahrhunderte sowohl in Frauen als auch in Männern verletzt. Damit entstand ein Ungleichgewicht. Das zeigt sich darin, dass das rationale Denken als einzig gültige Wissensquelle gilt, in Abgrenzung zu Gefühlen und dem Körperlichen – all dem, was wir nicht zählen, messen und begreifen können und sich so unserer Kontrolle entzieht. Die Konsequenz ist, dass wir uns als von der Natur getrennt sehen. Und doch spüren viele Frauen die Verbindung mit ihr und erleben sich eingebunden in einen größeren Zusammenhang.

In den letzten Jahrzehnten haben sich Frauen – vor allem in der westlichen Welt – für ihre Rechte eingesetzt. Sie befreien sich aus Unterdrückung, Missbrauch und Abhängigkeit. Ein riesiger Fortschritt, für den ich sehr dankbar bin. Wie sich zeigt, sind viele Frauen allerdings nicht wirklich glücklich. Etwas kommt zu kurz. Um im Berufsleben Fuß zu fassen und in der Arbeitswelt erfolgreich zu sein, sind wir redlich bemüht, uns den Spielregeln der Wirtschaft anzupassen. Diese sprechen auch aus uns selbst in Form von kritischen Stimmen und Erwartungen. Wir rennen mit im Hamsterrad, die Karotte der durchstoßenen gläsernen Decke vor der Nase, hinter der angeblich das Paradies wartet.

Viele Frauen arbeiten bis zum Burnout und haben wenig Zeit und Energie für Familie, Partnerschaft und Freunde. Ihre Kreativität führt ein Schattendasein. Sie fühlen sich wie abgetrennt von sich selbst. Das ist ein hoher Preis, den wir zahlen. Wir ahnen in unseren Herzen, dass es auch anders möglich ist. Aber wir reden nicht darüber, denn irgendwie fühlen wir uns komisch, vielleicht sogar verrückt. So nach und nach, gemeinsam mit anderen, lernen wir, auf diese leise innere Stimme zu hören und ihr zu vertrauen. Wir müssen nicht hinausziehen in die Welt und als Heldinnen den Bösewicht besiegen und das System umstürzen. Das wäre weiterhin ein Bild aus der alten Denkweise.

Es geht nicht darum, das Männliche zu verurteilen. Das positiv Männliche gibt uns Ausrichtung und Orientierung. Wir setzen uns Ziele und bringen Dinge auf den Boden. In unsere volle Führungskraft kommen wir, wenn wir unsere weiblichen und unsere männlichen Anteile in fruchtbare Verbindung bringen.

Indem wir unsere Berufung leben, laden wir andere ein, in ein Gespräch mit ihrem höchsten zukünftigen Potential zu treten und selbst in ihre volle Kraft zu kommen. So tragen wir dazu bei, dass sich jeder angemessen entfalten kann. Und was wäre schöner, als eine Welt, wo das für jeden von uns möglich ist?

Isabella Klien: Mit Führungs-Kraft auf das Wesentliche ausrichten

Führung ist nicht nur ein Thema für Führungskräfte. Es betrifft alle, die sich eine Arbeit und ein Privatleben wünschen, in denen sie selbst Regie führen. Wenn Sie in Ihrer Führungskraft sind, erfüllen Sie Ihren Sinn, leben Ihre Werte und manifestieren Ihre Vision. Mit dem Organisations-Kompass lernen Sie in diesem Gespräch ein äußerst wirkungsvolles Instrument kennen, das Ihnen hilft, für große und kleine Dinge in Ihrem beruflichen und privaten Leben Führung zu übernehmen.

Regina Schlager (RS): Isabella, ich möchte mit der Frage einsteigen, die ich in diesen Gesprächen allen Frauen anfangs stelle: Was verstehst du unter Berufung?

Isabella Klien (IK): Im Wort Berufung steckt der Ruf. Berufung ist eine Aufgabe, die mich ruft. Ich finde das Bild sehr schön, dass es da eine Lebensaufgabe für mich gibt, eine Aufgabe, die nur ich erledigen kann. Niemand anderer kann das für mich tun. Wenn ich es nicht tue, wird es nicht gemacht. Das macht die Berufung zu etwas ganz Wertvollem.

Für mich hat die Berufung zwei Seiten. Da ist einerseits die Seite für mich: die Inspiration, die Motivation, das, was mir Freude macht, mein Leben erfüllt und mich glücklich macht. Andererseits gibt es auch die altruistische Seite. Ich leiste mit meiner Berufung einen Beitrag für eine bessere Welt: für sinnvolles Arbeiten, für gesündere Unternehmen, wo die Menschen mit Freude und Begeisterung arbeiten und Werte eine zentrale Rolle spielen. All das bedeutet für mich Berufung.

RS: Du sprichst von Ruf. Möchtest du erzählen, wie dieser Ruf bei dir ausgesehen hat?

IK: Im Laufe der Vorbereitungen für unser Gespräch fiel mir ein, dass mich schon als kleines Kind ein Ruf ereilt hat. Ich erinnere mich noch sehr gut daran. Ich war im Vorschulalter, fünf oder sechs Jahre alt, und bin mit meiner Mutter gemeinsam durch die Salzburger Innenstadt gegangen. Wir kamen an einem Kloster vorbei, und ich sah eine Klosterschwester, die Essen an obdachlose Menschen austeilte. Ich sagte zu meiner Mutter: Ich will Klosterschwester werden. Ich will Menschen Gutes tun.

Nun bin ich nicht Klosterschwester geworden, sondern Unternehmensberaterin. Und dennoch war es diese Essenz des »Ich will Menschen Gutes tun«, die mich seither begleitet hat.

Brückenbauerin zwischen Wert und Werten

Als ich dann 42 Jahre alt war, vor 13 Jahren, ereilte mich mein Midlifecrisis-Ruf. Im Rahmen eines Coachings hatte ich plötzlich das Bild vor mir, dass ich eine Brückenbauerin bin. Eine Brückenbauerin zwischen der materiellen Welt, wo es um Wert geht, also um Geld und Finanzen, und der immateriellen Welt, wo es um Werte geht, um Menschen, um Gefühle, um Spiritualität.

Ich stand da auf dieser Brücke, bin von einem Ufer zum anderen gegangen, von einer Welt zur anderen, und ich spürte dieses Brückenbauerin-Sein in jeder Zelle meines Körpers. Da habe ich gemerkt: Ja genau, das ist dieser Ruf, den ich schon von früher kenne, und jetzt zeigt er sich in dieser Form.

Das führte dazu, dass ich mich auf das Thema ethisch führen mit Erfolg spezialisierte. Das heißt, ich begleite Menschen dabei zu erkennen, dass sich Werte und Erfolg nicht ausschließen. Im Gegenteil, in der Gegenwart und in der Zukunft wird es immer wichtiger, einerseits wertorientiert zu leben und andererseits auch gutes Geld zu verdienen. Um das Leben, das wir uns leisten wollen, auch leben zu können. Und idealerweise auch, um Projekte unterstützen zu können, die uns am Herzen liegen. Das heißt, über dieses gute Leben für uns hinaus auch einen Beitrag zu leisten für das gute Leben für viele Menschen, im Idealfall für alle Menschen.

Wenn nicht du dein Leben führst, wer dann?

RS: Das Bild der Brückenbauerin ist sehr kraftvoll für mich. Du bist Expertin für das Thema Führung. Was haben denn für dich Führung und Berufung miteinander zu tun?

IK: Berufung ist ein ständiger Prozess. Das ist nicht etwas, das uns bloß einmal passiert. Dennoch glaube ich, dass es etwas in der Essenz gibt, das gleich bleibt. Dann geht es jeden Tag darum, Führung dafür zu übernehmen.

Mir ist wichtig, den Begriff Führung neu zu beleben. Im deutschsprachigen Raum ist er aufgrund unserer Vergangenheit negativ belegt. Manchmal wird daher von Leadership gesprochen. Ich verwende sehr gerne den Begriff Führungskraft und trenne die Worte Führung und Kraft, also Führungs-Kraft.

Ich sehe es so, dass in jedem Menschen die Kraft ist zu führen. Nicht nur Führungskräfte haben eine Führungs-Kraft, sondern jeder und jede von uns. Eine Mutter, die den Haushalt organisiert und sich um ihre Kinder kümmert, genauso wie ein Top-Manager eines großen Unternehmens.

Mir und meinen Kunden stelle ich gerne die Frage: Wer führt denn dein Leben? Wenn nicht du dein Leben führst, wer ist es dann? Und das führt sehr oft zu großen Aha-Erlebnissen, dass wir unser Leben von Rahmenbedingungen und von anderen Menschen führen lassen und es nicht selbst in die Hand nehmen.

Da ist es mir ganz wichtig, Menschen zu ermutigen und zu sagen: Führung geht alle etwas an, Führung geht auch dich etwas an, und es liegt in deiner Hand, Führung für dein Leben zu übernehmen.

Also ganz wichtig: Führung ist nicht nur ein Thema für Führungskräfte, Führung ist ein Thema für uns alle. Und auch für die Berufung müssen wir in Führung gehen, damit wir dran bleiben, damit wir tagtäglich die richtigen Schritte setzen können und uns nicht ablenken lassen. Deshalb ist es auch ganz wichtig, die Menschen dabei zu unterstützen, sich auf das Wesentliche auszurichten und ihnen dafür auch ein passendes Führungsinstrument zur Hand zu geben.

Der Organisations-Kompass

RS: Du hast ein Instrument mitgebracht. Das scheint mir hier gut zu passen. Worum handelt es sich dabei?

IK: Das Instrument heißt Organisations-Kompass. Ich habe es vor circa 12 Jahren von meiner US-amerikanischen Lehrerin Birgitt Williams kennengelernt und bin ihr seit damals beinahe täglich dankbar dafür, denn es hilft mir in meinem Leben sehr. Und es hilft meinen Kunden und Kundinnen, die es kennenlernen und dann für sich selber anwenden.

Der Organisations-Kompass basiert auf dem Medizinrad. Das Medizinrad ist, wenn wir so wollen, ein Abbild der Welt, wie es vor zigtausenden Jahren von den Menschen verwendet wurde und in vielen indigenen Kulturen jetzt noch immer verwendet wird. Es bildet die innere und die äußere Welt ab.

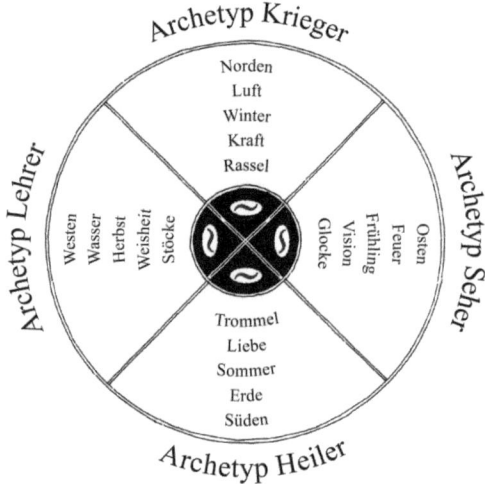

Quelle: Angeles Arrien »Der vierfache Weg«

Es besteht aus vier Quadranten, die sowohl die vier Elemente beinhalten als auch die vier Himmelsrichtungen und die vier Jahreszeiten. Sie geben darüber hinaus auch Auskunft über innere Archetypen, die uns allen innewohnen und denen bestimmte Qualitäten zugeordnet sind. Im Norden zum Beispiel haben wir den Krieger, die Kriegerin. Diese stehen für das Thema Kraft. Unser innerer Archetyp Seher, Seherin im Osten ist zuständig für unsere Vision. Der Archetyp Heiler, Heilerin im Süden steht für die Liebe. Und der Archetyp Lehrer, Lehrerin im Westen steht für das Thema Weisheit.

In den alten Kulturen ging man davon aus, dass ein Mensch dann gesund ist, wenn diese vier Quadranten in Balance sind. Die Ausgeglichenheit war sehr wichtig für die körperliche, die seelische, die geistige und die spirituelle Gesundheit.

RS: Meinst du, dass Balance auch wichtig ist, wenn wir für unsere Berufung in Führung gehen?

IK: Ja, davon bin ich überzeugt. Wenn wir für unsere Berufung in Führung gehen, betrifft es nicht nur den Archetypen Krieger, Kriegerin. Wenn wir zu schnell und oberflächlich darauf schauen, könnten wir meinen, Führung ist gleich Krieger, Kriegerin. Dem ist absolut nicht so.

In Führung gehen heißt zwar schon, dass es einen speziellen Quadranten gibt, wo das Thema Führung im engeren Sinne betrachtet wird. Aber es geht genauso darum, uns unsere Vision anzuschauen, in Liebe zu uns selbst und den anderen Menschen zu sein und die Dinge dann in Weisheit umzusetzen.

Birgitt Williams hat die Sprache des Medizinrades in eine Sprache des Managements, der Unternehmensführung und der Selbstführung übersetzt. Es ist in der Mitte der Sinn dazu gekommen und in den Diagonalen die Beziehungen. Und die Quadranten haben Namen bekommen, die in den Unternehmen andockbar sind.

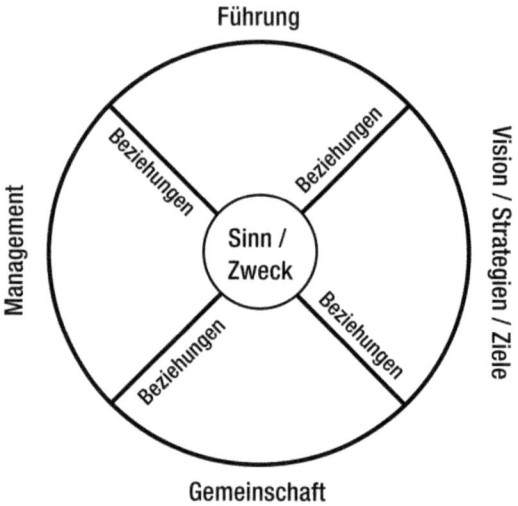

Quelle: Birgitt Williams »The Genuine Contact Way: Nourishing a Culture of Leadership«

RS: Ich erinnere mich sehr deutlich, wie ich das erste Mal auf den Organisations-Kompass gestoßen bin. Das war 2010, ich las das Buch Leading with Life von Matthias zur Bonsen. Es hat mich unheimlich gepackt und berührt. Ich spürte so etwas wie: Das ist es! Das hat etwas mit mir zu tun, ich habe künftig damit zu tun. Ich merkte auch, dass es noch nicht soweit ist, mich aber weiter begleiten wird. Im Literaturverzeichnis entdeckte ich einen Aufsatz von dir, so bin ich das erste Mal deinem Namen begegnet.

Wie schaut denn die Runde durch den Organisations-Kompass aus?

IK: Ich bleibe beim Thema Berufung und verwende das als Beispiel. Zunächst gehört dazu ein ganz konkretes Anliegen, mit dem ich einen Schritt gehen kann in der Umsetzung meiner Berufung.

Um die Übung gleich selbst durchzuführen, ist meine Einladung an die Hörer und Hörerinnen (und jetzt natürlich an Sie als Leser oder Leserin! Anm. RS), sich ein kleines Anliegen zu suchen, ganz spontan, ohne lange nachzudenken, für das Sie diese Kompassrunde machen wollen. Wofür wollen Sie sich ausrichten? Womit möchten Sie Ihre Berufung ein Stück weit umsetzen? Vielleicht ein Gespräch, das Sie zu führen haben? Vielleicht ein Newsletter, den Sie erstellen möchten?

Nehmen Sie sich Zeit zum Nachdenken und Aufschreiben. Sie können mit zwei Minuten pro Frage beginnen und sich dann später noch vertiefen. Bei der Übung verwende ich lieber das Du.

Frage 1: Was ist der Sinn dieses Vorhabens?

Frage 2: Wenn dir dieser Sinn jetzt klar ist: Für welche Themen und Werte, die mit deiner Berufung einhergehen, übernimmst du damit Führung? Welche Themen haben damit zu tun und welche Werte leiten dich?

Frage 3: Angenommen, das Vorhaben ist abgeschlossen und ist noch besser gelaufen, als du es dir vorgenommen hast: Welche Vision hast du umgesetzt, welche ganz konkreten Ziele hast du dann erreicht? Schildere sie mit einigen emotionalen Sätzen. Vielleicht kommt ein Bild oder kommen mehrere Bilder, beschreibe sie.

Frage 4: Welche Gemeinschaft von Menschen unterstützt dich dabei, diese Ziele zu erreichen? Und wie gehst du in Beziehung zu diesen Menschen, damit sie dich bestmöglich unterstützen können?

Frage 5: Was ist dein erster konkreter Umsetzungsschritt innerhalb von 72 Stunden?

Das sind die drei Tage, und man sagt, wenn man es innerhalb dieser Zeitspanne angeht, dann meint man es richtig ernst und dann gibt man seinem Unterbewusstsein das Signal, es ist mir wichtig und ich beginne mit der Umsetzung. Es geht nicht darum, eine Liste vieler To-Dos zu schreiben, sondern zu sagen: Ich habe die Umsetzung meines Anliegens mit Frage eins bis vier gut vorbereitet, und daher reicht es hier im Moment, wenn ich den ersten ganz konkreten Umsetzungsschritt kenne.

Frage 6: Welche Auswirkung hat all das auf deine Berufung und wie du sie in die Welt bringst?

RS: Ich habe das ausprobiert. Den Ablauf finde ich sehr hilfreich. Für mich ist schon die erste Frage, das Erkennen des Sinns, sehr kraftvoll und hat viel bewirkt. Da bemerkte ich, wie tief das geht, wie sehr mein Anliegen damit verbunden ist. Und wie wichtig es ist, das auszusprechen oder aufzuschreiben. Bei der Vision habe ich ein Bild zugelassen, das noch nicht so konkret, so greifbar, aber spürbar ist. Auch der Aspekt der Unterstützung und der konkrete Schritt waren hilfreich. Ich habe jetzt das Gefühl: Ich freue mich darauf. Es ist eine Bestärkung für meine Berufung.

Wir haben die Übung jetzt für die Thematik Berufung gemacht. Wie verwendest du den Organisations-Kompass sonst noch?

IK: Ich wende ihn jährlich für meine Ausrichtung im neuen Jahr an. Da nehme ich mir meistens einen halben Tag oder einen Tag Auszeit. Wenn Schnee liegt, mache ich eine Schneeschuhwanderung, ich gehe in die Natur und stelle mir all diese Fragen für das neue Jahr. Ich erlebe, wie kraftvoll ich dann ausgerichtet bin und weiß, wofür ich in diesem Jahr Führung übernehmen will.

Genauso mache ich das bei neuen Projekten, aber auch bei kleineren Anliegen, wenn ich zum Beispiel ein wichtiges Telefonat habe. Darüber hinaus wende ich den Organisations-Kompass in der Arbeit mit meinen Kundinnen und Kunden an: Im Coaching mit Führungskräften und immer dann, wenn ich und meine Beraterkollegen und Beraterkolleginnen holistische Instrumente in die Beratungsarbeit einbeziehen.

Ich setze das Instrument aber auch bei ganz großen Vorhaben ein. Ein Beispiel wäre, ein Unternehmen gemeinwohlorientierter auszurichten. Da geht es dann darum, mehrere Runden durch den Organisations-Kompass zu gehen.

Zentral ist für mich, dass am Beginn immer die Frage nach dem Sinn steht. Damit schließt sich auch wieder sehr schön der Kreis zu deiner Einstiegsfrage nach der Berufung, nach der Lebensaufgabe, nach dem Lebenssinn. Im Falle von Organisationen ist es dann die

Frage nach dem Sinn des Unternehmens, nach dem Sinn der Organisation.

RS: Etwas ist mir beim Organisations-Kompass aufgefallen, das mir nicht so ganz klar ist. Im Medizinrad findet sich im Westen die Weisheit, im Kompass steht dafür das Management mit Strukturen und Abläufen. Als ich die Übung gemacht habe, war es für mich total hilfreich, dass es zum Abschluss um etwas Konkretes geht. Ich frage mich dennoch, wie das mit dem Begriff Weisheit zusammenkommt. Management klingt für mich nach anderer Qualität.

IK: Für mich war das auch das große Aha, als ich mich mit dem Organisations-Kompass zu beschäftigen begann. Ich habe dann erkannt, dass es ein ganz neues Verständnis von Umsetzen ist. Nämlich ein Bild, wo wir nicht mehr im Hamsterrad hecheln, sondern wo wir wissen, dass schon ganz viel erledigt – im Sinne von gut vorbereitet – ist. Wir können somit aus einer tiefen Ruhe und Gelassenheit und mit Weisheit handeln. Insofern hat das viel miteinander zu tun.

Mir selbst hat dieses neue Bild ganz viel Kraft gegeben und auch viel Druck genommen, es ist so ein leichtes, befreites Umsetzen.

Das Wichtigste für unseren Weg

RS: Wir kommen bereits zum Abschluss unseres Gesprächs und zur Schlussfrage. Stell dir vor, wir nehmen auf unserem Weg der Berufung einen Rucksack mit und packen da alles hinein, was das Wichtigste für unsere Reise ist. Was würdest du mitnehmen?

IK: Zu seiner Einzigartigkeit zu stehen. Ich möchte da gerne noch meine persönliche Geschichte hineinbringen. Ich bin von meiner Ausbildung her Betriebswirtin und habe mich in den letzten 15 Jahren mit Themen wie Schamanismus beschäftigt, bin Buddhistin, bin aktiv in der Gemeinwohlökonomie und tue das auch kund. Da gibt es immer wieder Menschen, die sagen: Das kannst du doch nicht tun, da verschreckst du Leute, das ist nicht möglich.

Ich sage darauf immer: Ganz im Gegenteil! Ich stehe dazu; das bin ich, das macht mich aus. Gerade die persönliche Geschichte hat viel mit Berufung zu tun. Das macht mich einzigartig. Das macht mich anders. Es gibt keinen zweiten Menschen, der so ist, wie ich bin. Genau dadurch bin ich anziehend. Und zwar nicht für alle Menschen, aber für die Menschen, die genau das suchen, was mich ausmacht und was ich tue.

Ich gehe diesen Weg voll Freude und auch mit Erfolg. Ich möchte andere Menschen ermutigen, ihren Weg zu gehen, die Lebenszeit ist so kostbar. Ich finde, wir sollten sie wirksam nutzen, für uns selber, für die Welt, für andere Menschen und für die Natur.

RS: Ein schöner Abschluss. Ganz herzlichen Dank für dieses Gespräch, Isabella.

Isabella Klien

Dr. Isabella Klien ist holistische Organisationsberaterin in Salzburg (Österreich). Ihre Leidenschaft ist es, UnternehmerInnen und Führungskräfte in ihre Führungs-Kraft zu bringen. Das Thema ethische Unternehmensführung liegt ihr dabei besonders am Herzen. Sie begleitet Unternehmen auf dem Weg zu mehr Gemeinwohl-Orientierung, trainiert BeraterInnen in holistischer Organisationsentwicklung und coacht Führungskräfte und UnternehmerInnen. Als Brückenbauerin bringt sie ihre schamanischen Erfahrungen und ihre buddhistische Lebensphilosophie in die Business-Welt ein.

www.isabellaklien.at

Daniele Kirchmair-Neuses: Weiblichkeit entwickeln und männliche Qualitäten integrieren

Wir kommen in unsere Führungskraft, wenn wir unsere männlichen und unsere weiblichen Anteile in Verbindung bringen. Dabei verbinden sich Frauen mit ihrer weiblichen Grundenergie, um dann das Männliche hereinzuholen. Dieser Entwicklungsweg führt uns immer mehr zu uns selbst und zu unserer Bestimmung sowie zu einem liebenden Verhältnis mit anderen. Ganz wichtig ist dabei für Frauen die Unterstützung untereinander. Daniele Kirchmair-Neuses schaut auf ihren Weg zurück und sagt: Ich bin lebenstüchtig geworden.

Regina Schlager (RS): Daniele, was verstehst du unter Berufung?

Daniele Kirchmair-Neuses (DK): Für mich hat es damit zu tun, dass ich mit mir selber eine Verbindung habe. Aus diesem Kontakt aus meinen Inneren entsteht etwas im Äußeren. Ich spüre ein inneres Feuer. Durch dieses innere Rufen will ich einen Beitrag liefern in unserer Welt. Gleichzeitig ist da die Verbindung mit der Realität. Ich frage mich: Was geht denn überhaupt? Was brauche ich dazu? Wie gehe ich vor? Berufung bedeutet für mich, diese Polaritäten zusammenzubringen: Das Innere und das Äußere.

Einer Berufung zu folgen heißt, die Bereitschaft zu haben, sich auf einen Lernprozess einzulassen. Es ist kein Strohfeuer. Es ist ein Feuer, das in der Lage ist, über längere Zeit zu brennen. Ich werde dabei von Begeisterung, von Freude getragen.

Ich leite das Shima-Institut jetzt seit 17 Jahren. Am Beginn waren in mir ganz starke Körpergefühle: Genau das ist es! Das war nicht ein einmaliger Impuls in mir, das hat sich kontinuierlich wiederholt. Ich habe begonnen, dieser Vision zu folgen, um sie auf den Boden zu bringen.

Gefühlsenergie in Verbindung mit Vorwärtsenergie

Ich bringe in meinem Leben als Frau zwei Faktoren zusammen. Ich habe ein Ziel. In meinem Fall war es so, dass ich mit Frauen und Männern in den wichtigen Lebensthemen arbeiten wollte. Da ist eine Vorwärtsenergie. Die ist aber verbunden mit einer Gefühlsenergie. Wir leben in einem weiblichen Körper. Die Gefühle von Frauen sind häufig anders spürbar als die von Männern. Es gibt eine weibliche Grundenergie.

Für Frauen ist das Thema Weiblichkeit bei der Frage der Berufung von Bedeutung. Wie kann ich meine Weiblichkeit entwickeln? Wie kann ich als Frau in dieser Kultur, in der wir leben, meinen Platz einnehmen? Wie kann ich in mir männliche Qualitäten integrieren, die mich auf diesem Weg unterstützen?

RS: Dieses Wie interessiert mich sehr. Wie können wir aus deiner Erfahrung heraus unsere Weiblichkeit entwickeln?

DK: Hier sehe ich zwei wesentliche Aspekte. Das eine ist unser kultureller Hintergrund. In Deutschland, Österreich und der Schweiz gibt es vielleicht ähnliche Strukturen. Auch wenn das Patriarchat schon zurückliegt, so leben noch Erinnerungen in unseren Körperzellen, wie mit Frauen umgegangen wurde. Hier können wir hinspüren, wie unsere kulturelle Situation auf uns wirkt.

Das andere ist unsere individuelle Geschichte. Hier ist vor allem die Mutter ganz wesentlich und die Linie der Mutter über die Großmutter bis weiter zurück. Hier können wir uns fragen: Was wirkt aus meiner Familie, wenn ich hier als Mädchen hineingeboren wurde?

Das Weibliche hat in unserer Kultur Schmerzhaftes erfahren. Es ist in uns Frauen verletzt worden – aber auch in den Männern, das möchte ich betonen. Viele Frauen sind dazu übergegangen, in sich etwas Männliches zu entwickeln, um gegen diesen Schmerz zu agieren. Heute gibt es meines Erachtens viele Frauen, die in der Welt stehen, ihr Geld verdienen, eigenständig sind. Häufig tun sie das allerdings hauptsächlich mit den erwähnten männlichen inneren Formen, die unter Umständen nicht unterstützen, das Weibliche zu entwickeln.

Die Grundenergie des Weiblichen

Ich persönlich sehe es so, dass Frauen eine Grundenergie haben. Wir leben in einem weiblichen Körper und wir sind über Jahrhunderte ganz stark über das Gefühl identifiziert worden. Nicht über das Tun. Unsere Grundenergie ist eigentlich ein Sein. Ein Fluss.

RS: Wie arbeitet ihr da in eurem Institut? So, wie du das geschildert hast, stellt sich mir die Frage: Gilt es zunächst die weibliche Grundenergie wiederzuentdecken, um dann auch das Männliche hineinzunehmen? So eines nach dem anderen? Oder läuft das Hand in Hand? Kannst du das ein wenig näher schildern?

DK: Wir arbeiten prinzipiell über den Körper. Es gibt bereits Studien, die zeigen, dass unser Körper über ein Körpergedächtnis verfügt. Wenn du deinen Körper über Bewegung, über Atmung, über Präsenz spürst, dann kommst du dir und deiner Geschichte näher.

Wir arbeiten zum Beispiel unter anderem in Frauengruppen. Wenn ich als Frau nur unter Frauen bin, dann kommt der Körper diesem Gefühl von Sein näher. In dir erwacht ein ruhender Pol. Und der ist nicht nur in stillen Situationen da. Auch wenn du völlig lebendig in der Welt herumspringst, bleibst du mit dieser weiblichen Quelle verbunden.

Gleichklang unter Frauen

RS: Was du sagst, berührt meine eigenen Erfahrungen. Vor etwa zehn Jahren fand ich Zugang zu einem Körperbewusstsein, das mir vorher verschlossen war. Das war damals wirklich ein Aha-Erlebnis für mich. Es war ein neuer Kontakt zu mir selber. Und ich habe erlebt, dass ich mich nach und nach auch anderen und der Welt mehr öffnen konnte.

Ich arbeite viel mit Frauen in Einzelcoachings und auch in Gruppen. Ich spüre da, auch wenn ich mit befreundeten Frauen zusammen bin, eine ganz besondere Qualität. Es muss gar nicht explizit ums Thema Frausein gehen. Da ist ein Vertrauen vorhanden, das ich in gemischten Gruppen so nicht finde. Für mich haben auch Gruppen mit Männern und Frauen ihre speziellen Qualitäten in ihrer Diversität. Und doch finde ich es ganz besonders wertvoll, unter Frauen zu sein. Ich freue mich, dass wir Frauen uns das heute auch immer mehr gönnen, oder wieder gönnen.

DK: Sind Frauen und Männer in einem Raum, dann ist da ein Magnetismus, wenn Frauen sich vermehrt in ihrer Weiblichkeit und Männer vermehrt in ihrer Männlichkeit spüren. Das sind zwei entgegengesetzte Pole. Das ist etwas sehr Lebendiges, das weiterbringt. Es ist allerdings auch immer wieder schwierig.

Wenn wir Frauen unter uns sind, dann ist ein Gleichklang in unseren Körpern. Das hat etwas Nährendes. Wir können entspannen. Eine Grundenergie vom Weiblichen ist eigentlich Nahrung. Meiner Beobachtung nach suchen viele Frauen bei Männern eine Nahrung, die es eigentlich nur unter Frauen gibt.

Dieses Rückverbinden mit dem Weiblichen gibt einen anderen Boden. Wenn du einen weiblichen Boden gut halten kannst, kommst du auch wieder in guten Kontakt mit dem Männlichen. Hier können wir Frauen uns unterstützen und ergänzen, um dann diesen Boden – sei es in der Berufung, sei es in der Beziehung – weiter zu leben.

Rückverbindung mit unserem Körper und unseren Gefühlen

Eine der größten Verletzungen, die wir erlebt haben, liegt darin, dass wir von uns getrennt wurden. Und zwar nicht von unseren Gedanken, sondern von unseren Körpern und Gefühlen. Wenn ich von Rückverbindung spreche, dann meine ich, dass wir uns nicht in unseren Gedankenkonzepten bewegen. Viele davon sind kontraproduktiv, weil sie mich trennen von meinem Spüren und Erleben als Frau.

Wenn Frauen sehr stark auf der männlichen Leistungsschiene sind, sodass alles perfekt sein muss, sie sich mit anderen vergleichen, es nie genug ist, dann fehlt diese innere Zufriedenheit. Diese Ruhe und Entspannung, die einkehrt, wenn wir uns sagen: Das habe ich gut gemacht, das ist mir gut geglückt. Denn das bräuchte diese Verbindung zu unserem Körper und unseren Gefühlen.

Dem Mann fehlt eine Resonanz des positiv Männlichen

Ich möchte auch kurz auf die Situation des Mannes in der heutigen Zeit eingehen. Ein Mann wird in einer Frau geboren. Da findet die erste Resonanz statt. Das ist auch wichtig für sein Überleben, was die Nahrung betrifft. Aber es ist nicht seine physische Identität. Es ist dann meistens die Mutter, die mehr da ist, später folgen Kindergärtnerinnen und Lehrerinnen. Dem Jungen fehlt oft sehr lange eine Resonanz des Männlichen, des positiv Männlichen, des Vaters. Eines Mannes, der Vorbild dabei ist, in diesem männlichen Körper anzukommen und sich wohlzufühlen in der männlichen Energie.

Mein subjektiver Blick aufgrund der Kurse und Seminare ist, dass Männer unterwegs sind, ihre Kraft zu finden. Das Männliche wird heute sehr bewertet. Der Mann ist im Moment aufgerufen, sich im Männlichen zu stärken. Denn er kommt zwar aus dem Männlichen, aber nicht dem integrierten Männlichen. Wir brauchen eine gute männliche Kraft, die vorwärts geht, die Ziele hat, die Schwierigkeiten aushält.

Das Männliche ist im Vergleich zum Weiblichen, das im Sein gegründet ist, im Tun gegründet: Ich habe ein Ziel, ich will das erreichen; wenn ich es erreicht habe, dann fühle ich mich gut. Die Aufgabe des Mannes ist heute, sehr wohl in dieser Ausrichtung zu sein, sich aber nicht weiter abzutrennen von seinen Gefühlen.

Ich glaube wirklich, dass wir in einer Zeit leben, wo wir als Frauen und Männer unheimliche Chancen haben. Wenn Frauen ihre Grundenergie anerkennen, ihr Herz und ihre Gefühle, und aus dem heraus Ausgerichtetheit und Klarheit lernen, nicht aus der Anstrengung. Und wenn Männer sich gut fühlen dürfen in ihrer Stärke, ihrem Bewirken, und aus dem heraus den weiblichen Teil dazu nehmen.

Lebenskrise mit 28 als Funke

RS: Das Shima-Institut führst du jetzt 17 Jahre, gemeinsam mit deinem Mann. Davor warst du im Management tätig. Wie hat sich denn dieser Wechsel gestaltet?

DK: Ich habe Glück in meinem Leben, wodurch auch immer. Ich war in Österreich als junge Frau bei der Lauda Air. Dort hatte ich in der ersten Phase des Unternehmens die Möglichkeit, etwas zu bewirken. Ich schmiss mich mit Haut und Haar hinein. Ich baute den Flugbetrieb auf, später das Catering. Ich war damals sehr einsatzfreudig. Ich war erfolgreich, es kam aber nicht die Erfüllung. Es fehlte dieses innere Gefühl von: Ja, es stimmt, es klappt beruflich und auch mit einer Beziehung.

Mit 28 Jahren rasselte ich dann in eine Lebenskrise hinein. Im Rückblick sage ich: zum Glück! Das war für mich ein Funke. Ich begann mit einer Familienaufstellung, es folgten Jahre der Therapie. Ich schaute mir meine Familiengeschichte und die Kontaktthematik an. Ich hinterfragte mich als Frau. Da hat sich mir eine Welt geöffnet. Es war allerdings auch teilweise sehr schwierig, mich diesen Themen wirklich zu stellen.

Geh dorthin, wo die Angst ist

Ich bin sehr froh, dass ich wirklich gute Unterstützung hatte in den Lehrern, Therapeuten und Coaches, die ich hatte. Eine Lehrerin sagte mir einen Schlüsselsatz, der für mich bis heute gilt: Daniele, geh dorthin, wo die Angst ist. Dort bindet sich die meiste Energie. Das lernte ich dann. In einem guten Tempo. Damit meine ich, ich springe nicht in einen Berg von Angst hinein, ich nehme das schäuferlweise.

RS: Bei mir selbst und auch im Kontakt mit anderen erlebe ich, wie wichtig es ist, sich den eigenen Ängsten auf eine Art und Weise zu nähern, die wertschätzend und behutsam ist. Dass ich mir auch hier Zeit gebe, nicht schon drei Schritte voraus sein will, da, wozu ich noch gar nicht bereit bin oder was ich noch gar nicht leben kann.

Was hat sich denn für dich durch dieses Hingehen, wo die Angst ist, verändert? Was ist möglich geworden?

DK: Mein Leben ist dadurch reicher geworden. Ich kann heute gut mit Konflikten umgehen. Ich kann mein Leben wirklich genießen, es wertschätzen. Ich freue mich, dass ich so leben kann, wie ich leben möchte. Ich bin einfach lebenstüchtig geworden. Das gibt meinem Leben Erfüllung. Das sage ich jetzt als fast 58-Jährige. Ich bin seit 17 Jahren in Beziehung mit meinem Mann. Wir arbeiten viel zusammen. Wir sind gemeinsam durch unsere Konflikte durchgegangen. Wir haben es wirklich gut miteinander.

Und was sich beruflich entwickelt hat in den 17 Jahren, das kann ich teilweise selbst nicht glauben. Alleine, wenn man auf die Zahlen schaut, in den Seminaren waren 10.000 Teilnehmerplätze. Die Leute sind gekommen, ich konnte wirken und ich habe dabei selber viel gelernt. Da ist eine große Dankbarkeit von den Teilnehmern, und auch ich bin dankbar für das, was ich alles gemacht habe.

Das hat klein begonnen. Mein erstes Jahrestraining, wo wir durch die ganz wichtigen Lebensthemen durchgehen, hatte neun Teilnehmer. Ich sagte mir, ich mache es auch, wenn drei oder vier dabei sind. Ich mache es einfach, weil das so eine innere Freude ist. Das dritte Jahrestraining hatte bereits 30 Teilnehmer.

RS: Ich sehe das auch so, dass es ganz entscheidend ist, sich diese Zeit auch wirklich zu geben und das als Entwicklung zu sehen. Um bei deinem Beispiel zu bleiben: Wenn sich drei zu einem Kurs anmelden, nicht gleich zu sagen, das wird nichts, ich lasse es.

Wie merken wir bei einem längeren Prozess, ob wir wichtigen Themen ausweichen und uns selbst, unsere Entwicklung aus den Augen verlieren?

DK: Wenn du länger einer Berufung folgst oder länger in einer Beziehung lebst, kannst du dich fragen: Bin ich noch lebendig? Lebendigkeit heißt, verschiedene Phasen zu durchlaufen. Mit 40 war für mich eine andere Phase als jetzt mit 58. Ich empfinde es als Geschenk, diese Entwicklungsphasen zu durchlaufen und nicht in einer hängenzubleiben.

Auch beim Frausein gibt es verschiedene Phasen. Ich glaube, es ist jetzt eine gute Zeit für Frauen, dieser weiblichen Vielfalt, die in uns angelegt ist, ein Leben zu geben. Es ist ein schönes Gefühl, eine erwachsene Frau zu sein. All diese Phasen sind spannend: das kleine Mädchen, die Pubertierende, die junge Erwachsene, die Frau, die langsam reifer wird und in die Menopause kommt. Wenn ich die durchlaufen kann, dann habe ich ein erfülltes Frauenleben.

Das Wichtigste für unseren Weg

RS: Stell dir vor, wir nehmen auf unserem Weg der Berufung einen Rucksack mit, in den wir das Wichtigste für unsere Reise hineinpacken. Was würdest du mit auf den Weg nehmen?

DK: Ich würde den Entscheid, dranzubleiben, reinpacken. Ob das deine Berufung betrifft, dich selber, deine Beziehung oder das Thema Kontakt und Verbundenheit. Dranbleiben an diesem Wunsch, ein erfülltes Leben führen zu wollen, sei das nun beruflich oder privat. Das wird dich Wege finden lassen, auch wenn es schon auch mal Einbahnen und Sackgassen gibt.

Was auch drin sein sollte in diesem Rucksack, ist die Bereitschaft, sich immer wieder zu hinterfragen. Wir sollten bereit sein zu lernen und unsere Entwicklung in unserem richtigen Tempo leben.

All diese Dinge müssen wir nicht alleine machen. Es braucht immer wieder Leute, die uns gut unterstützen.

Es ist ganz wesentlich, sich zu sagen: Ich mache etwas aus meinem Leben, und zwar unabhängig davon, wie meine Kindheit, meine Prägung, meine Startchancen waren oder sind.

RS: Daniele, herzlichen Dank für das Gespräch.

Daniele Kirchmair-Neuses

Nach Jahren im Management begann für Daniele Kirchmair-Neuses der Aufbruch zu sich selbst. Es folgten einige Aus- und Weiterbildungen, unter anderem am Aruna-Institut in Deutschland und am IBP Institut Schweiz/USA in integrativer Körperpsychotherapie nach Jack Rosenberg und Marjorie Rand sowie Tanz- und Bewegungsarbeit, Gestalt- und systemische Therapie und Atemarbeit. Sie absolvierte das Ergänzungsstudium Psychotherapie des Schweizer Psychotherapeutenverbandes.

www.shimainstitut.ch

2 Die Beziehung mit Ihnen selbst bereitet den Boden für alle anderen Beziehungen

Die Beziehung zu uns selbst ist die Basis für alle anderen Beziehungen und unser In-der-Welt-sein. Eine meiner schönsten Erfahrungen ist, dass sich mit der Qualität der Beziehung zu mir selbst auch die Beziehung zu anderen Menschen grundlegend geändert hat, und auch die Art und Weise, wie ich mit meiner Arbeit in Verbindung bin und mit der Welt.

Auch mit den Menschen, die zu mir ins Coaching kommen, erlebe ich wieder und wieder: Entscheidend ist, uns selbst kennenzulernen. Herauszufinden, was uns gut tut, was wir wollen, was wir lieben, was wir können und was uns wirklich wichtig ist.

Ist es egoistisch, wenn wir uns mit uns selbst beschäftigen? Diese Ansicht sitzt tief. Gerade Frauen haben in ihrer Kindheit gehört: Sei nicht eitel. Nimm dich nicht zu wichtig. Wer glaubst du, wer du bist? Paradoxerweise führt das dazu, dass unsere Gedanken permanent um uns kreisen. Wie wirke ich? Habe ich das richtig gemacht? Was sagen die anderen dazu? Ich kenne das sehr gut, vor allem in meinen Zwanzigern war ich Meisterin darin! Vielleicht geht es Ihnen auch so.

Doch uns zu kennen ist nicht genug. Wir könnten uns dabei auch eher distanziert und kühl beobachten, es kann der Drang dahinter stecken, uns doch bitte endlich im Griff zu haben. Das kann wiederum dazu führen, dass wir uns zu immer schnelleren und besseren Leistungen antreiben. Wir sind dann nie gut genug. In meiner Arbeit begegnet mir immer wieder, dass Perfektionismus besonders für Frauen ein Thema ist.

Wir können lernen, uns grundsätzlich anzunehmen, ohne etwas tun, erreichen oder beweisen zu müssen. Dabei hilft ein inneres Klima der Freundlichkeit. Wann fühlen Sie sich gehört? Wenn Ihnen jemand zuhört, ohne Sie zu unterbrechen, ohne Sie zu bewerten oder Ihnen ungefragt Ratschläge zu geben? Falls das so ist, dann beginnen Sie doch damit, sich selbst in dieser Qualität zuzuhören. Mit dem zu sein, was sich gerade zeigt. Ein Zugang dazu ist, körperliche Empfindungen wahrzunehmen. Wir sprechen dabei heute oft von Achtsamkeit.

Aber halt, bin ich dann nicht selbstgenügsam? So fragen Sie sich vielleicht. Bewege ich mich dann überhaupt noch weg vom Sofa? Und verfolge ich dann meine Ziele? Ich mache die Erfahrung, dass ich gerade dann, wenn ich mich nicht mehr unter Druck setze und innerlich antreibe, Bewegung und Veränderung möglich wird.

Freundlichkeit bedeutet auch nicht, zu allem ja zu sagen. Brave, angepasste Mädchen waren so manche von uns wohl lange genug. Ich zähle mich jedenfalls dazu. Gerade in diesem respektvollen Umgang mit Ihnen selbst liegt das Potential, nein zu sagen zu dem, was Sie nicht für richtig halten und gesunde Grenzen zu setzen. Ich war lange Zeit sehr schüchtern, es fiel mir schwer, auf andere zuzugehen. Nun kann ich mich öffnen, ohne mich dabei selbst zu übergehen. Ich kann geben, ohne meine eigenen Bedürfnisse zu verleugnen. Daraus sind so wunderbare Begegnungen entstanden.

Und ich stelle fest, dass sich unser Weltbild allmählich wandelt: Wir erkennen, dass die Welt ein Beziehungsgewebe ist, in dem alles mit allem zusammenhängt. Ein sehr häufig gebrauchtes Bild ist heute daher das Netz bzw. das Netzwerk. Das, was Weisheitstraditionen schon seit Jahrtausenden überliefern, wird heute von der westlichen Wissenschaft, wie z.B. der Quantenphysik bestätigt.

Gabriela von Arx und Jeannine Born: Achtsamkeit und Selbstmitgefühl als Basis für mutige Veränderung

Wenn wir uns achtsam und mit Selbstmitgefühl beobachten, merken wir, in welcher Beziehung wir mit uns selbst stehen. Wir können dann mit den kritischen inneren Stimmen umgehen lernen. Wir begegnen uns mit Neugier anstatt mit Bewertung und Verurteilung. Wir können Verhaltensmuster verändern, die nicht mehr für uns passen und uns in unserer Entwicklung einschränken. Ein Ansatz, der dabei hilft, ist MBSR - Mindfulness Based Stress Reduction, über den Gabriela von Arx und Jeannine Born in diesem Gespräch erzählen.

Regina Schlager (RS): Gabriela, Jeannine, was versteht ihr denn unter Berufung?

Jeannine Born (JB): In Beruf steckt der Ruf drin. Der Ruf von innen ist vielleicht etwas groß. Für mich hat es sehr viel mit Interesse zu tun. Was spricht mich an? Wo geht meine Aufmerksamkeit hin? Das kann zum Beispiel beim Zeitung lesen sein, wenn ich unterwegs bin, bei einem Gespräch. Oder wenn ich abends über den Tag nachdenke, kann ich schauen, was klingt in mir nach. Was sind so Stichworte, die mich faszinieren, und Bilder, die daraus entstanden sind? Wichtig ist, dem dann auch nachzugehen und diesen Themen Raum zu geben.

Gabriela von Arx (GvA): Auf die Herzensstimme hören, das taucht bei mir immer wieder auf. Wirklich nach innen hören auf das, was die innere Stimme sagt. Mich fragen, wo und wann ich mich lebendig fühle. Was möchte sich entfalten? Und dann immer wieder prüfen, ob ich ehrlich zu mir bin und das auch ernst nehme. Vielleicht weiche ich auch davon ab, weil da Anforderungen von außen sind. Kann ich mir immer wieder die Erlaubnis geben, nach innen zu fühlen? Das können ganz kleine Sachen im Alltag sein, aber natürlich auch große Veränderungen, Dinge, die ich in meinem Leben umsetzen will.

Für mich bedeutet Berufung auch, mir zu erlauben, meinen eigenen Weg zu gehen. Mich nicht zu verbiegen. Zu merken, wo ich Freude spüre und was mich erfüllt.

RS: Wie spielt denn bei all dem, was ihr zur Berufung gesagt habt, das Thema Achtsamkeit hinein, das für eure Arbeit mit Menschen ganz zentral ist?

Wach werden und sich selbst wahrnehmen

GvA: Für mich spielt es eine zentrale Rolle, dass ich lerne, wach zu werden und mich wahrzunehmen. Spüre ich meinen Körper? Nehme ich wahr, wie sich Signale verändern, wenn es eng wird oder wenn Raum entsteht und ich erfüllt bin?

JB: Für mich kommt da noch etwas hinzu. Achtsam sein hat mit Selbstmitgefühl, mit Selbstachtsamkeit zu tun. Zu merken, in welcher Beziehung ich mit mir stehe. Kann ich mir die Erlaubnis geben, meinen Bedürfnissen nachzugeben und freundlich zu mir zu sein oder kritisiere ich mich dauernd? Treibe ich mich ständig zu irgendwelchen äußeren Tätigkeiten an, von denen ich annehme, die werden von mir verlangt, die müssen gemacht werden? Ich vergleiche mich dann vielleicht auch mit anderen. Ich bin mir selbst die größte Kritikerin.

RS: Auf seine Bedürfnisse achten und Selbstmitgefühl, das ist meiner Erfahrung nach ganz ausschlaggebend, wenn ich an meinen Weg denke. Und ich merke das auch im Coaching, wo ich sehr viel mit dem Ansatz Berufungscoaching WaVe® arbeite. Hier wird bei den eigenen Bedürfnissen angesetzt. Was brauche ich, damit es mir wirklich gut geht? – diese Frage ist elementar. Und bei Embodied Life™, mit dem ich ebenfalls arbeite, geht es ganz stark darum, sich selbst achtsam und mit Warmherzigkeit zu begegnen. Das schafft eine innerliche Atmosphäre, wo so viel möglich wird. Es werden Ressourcen aktiviert. Für mich ist das ein ganz wichtiger Aspekt, dass Achtsamkeit und Selbstmitgefühl zusammenkommen. Schön, dass ihr das auch so seht.

JB: Die Frage ist ja: Bin ich gerne mit mir zusammen? Finde ich mich einen interessanten Menschen? Ist die Beziehung mit mir angenehm? Ich bin der Mensch, mit dem ich am meisten Zeit verbringe. Wenn ich dauernd von mir weggehen möchte, dann ist dieser Kontakt unangenehm. Ich will mir gar nicht zuhören.

RS: Ihr habt die Kritikerin, den Kritiker in uns angesprochen. Für viele ist es ein Thema, dass sich permanent eine kritische Stimme meldet. Wie ist das denn in MBSR? Was gibt es da für Ansätze, damit umzugehen? Oder zunächst noch weiter gefasst: Was ist das denn eigentlich, dieses MBSR?

Der kritischen Stimme freundlich begegnen

GvA: Ich kann bei der kritischen Stimme ansetzen. Wichtig ist, auch dieser kritischen Stimme freundlich zu begegnen. Das beginnt damit, wach dafür zu werden, dass diese Stimme überhaupt existiert. Sie nicht gleich wegmachen zu müssen, sondern zunächst mal offen für sie zu sein.

Ich denke, die kritische Stimme hat auch viele wichtige Funktionen. Mit der Haltung der Achtsamkeit geht es dann darum zu realisieren, wo sie mich in immer gleiche Verhaltensmuster drängt, die manchmal nicht dienlich, vielleicht sogar ungesund sind und mir schaden. Ich kann diesen Autopiloten erkennen, der mich Verhaltensweisen abspulen lässt.

Mindfulness Based Stress Reduction (MBSR)

JB: MBSR ist die Abkürzung für Mindfulness Based Stress Reduction. Auf Deutsch übersetzt man das mit Stressreduktion durch Achtsamkeit, das ist allerdings ein etwas irreführender Name. Es geht vielmehr darum, durch Achtsamkeit zu lernen, mit äußerem und innerem Stress anders in Beziehung zu gehen, sodass ich eine freundliche und vielleicht auch distanziertere Haltung einnehmen kann. Da spielt das Beobachten hinein. Damit ist gemeint: Ich kann das wahrnehmen, ich kann das anschauen.

Es handelt sich um ein Acht-Wochen-Programm, das von Jon Kabat Zinn entwickelt wurde. In der Zwischenzeit wird es weltweit angeboten und auch viel Forschung betrieben. Es zeigt sich, dass es sehr effektiv ist im Umgang mit Stressoren. Es werden Übungen gemacht, unter anderem Yoga, Bodyscan sowie Sitz- und Gehmeditation.

Ich finde es immer wieder bemerkenswert, dass sich in den acht Kurswochen das Gehirn verändert. Das lässt sich im Hirnscan zeigen. Durch die Übungen verändert sich meine Haltung, meine Einstellung, und das bildet sich im Gehirn ab. Schon eindrücklich!

RS: Ich finde das auch sehr eindrücklich. Acht Wochen klingt zunächst nicht lange. Doch die Gehirnstruktur ändert sich in dieser Zeit. Andererseits kann es eine große Herausforderung sein, über acht Wochen zu üben und wirklich dran zu bleiben. Wie schaffen das die Teilnehmerinnen und Teilnehmer? Ich denke, dass man nicht bloß ein Mal in der Woche in den Kurs geht, sondern wahrscheinlich auch für sich selbst zuhause übt. Wie schaut das aus?

GvA: Du sprichst da einen wichtigen Punkt an, der immer wieder Fragen bei den Teilnehmenden aufwirft. Entscheidend ist, sich mit diesem Punkt auseinanderzusetzen. Es geht darum, dass sie überlegen, wie sie die formale Übung, die eine halbe Stunde bis 40 Minuten dauert, auch wirklich regelmäßig durchführen, und wie sie diese Haltung in die Alltagsaktivitäten integrieren.

Das Ziel ist nicht, eine Zeit lang auf dem Kissen zu sitzen, sondern dass eine Kontinuität entsteht und wir uns immer wieder an diese Haltung der Achtsamkeit erinnern. Wir realisieren dann auch, dass Achtsamkeit eigentlich nichts ist, was wir neu lernen müssen. Es ist etwas, das uns angeboren ist. Durch Prägungen und Erfahrungen geht es uns allerdings verloren. Die Idee ist, sich tagtäglich wieder zu erinnern.

Um das zu unterstützen, geben wir Verankerungsübungen mit. Ein Beispiel: Wenn das Telefon läutet, nicht gleich abnehmen, sondern vielleicht zuerst einen Moment innehalten, einen bewussten Atemzug machen, um den Hörer dann ganz bewusst abzunehmen und sich auf das Gespräch einzustellen.

RS: Wie sind denn die Rückmeldungen? Wie gelingt das den Teilnehmerinnen und Teilnehmern? Welche Ansätze finden sie besonders hilfreich, um diese achtsame Haltung in den Alltag zu bringen?

JB: Ja, es gelingt immer wieder und wieder nicht. Das tägliche Üben ist wirklich eine Herausforderung. Niemand hat 30 bis 40 Minuten täglich, wo er sich denkt: Wäre schön, wenn ich jetzt etwas zu tun hätte. Es geht darum, sich diese Zeit, diesen Raum zu schaffen. Und sich damit auch Wichtigkeit zu geben: Ich darf mir diese Zeit für mich reservieren.

Verständlicherweise ist die Erwartung häufig, dass das eine angenehme Zeit sein sollte. Und das kann tatsächlich immer wieder als angenehm empfunden werden. Manchmal kann allerdings auch das Gegenteil passieren. Hier kann ich schauen, wie ich mit Unannehmlichkeit umgehe. Die Sitzmeditation ist hier so etwas wie eine Laborsituation. Ich kann ganz genau beobachten, wie mein Geist funktioniert, wenn mir beispielsweise das Bein einschläft. Will ich sofort etwas verändern? Oder kann ich einfach für einen Moment spüren, wie sich das körperlich anfühlt? Die Verhaltensweisen, die in dieser Laborsituation auftauchen, sind dieselben, die im Alltag auftauchen. Wenn das den Teilnehmenden im Kurs bewusst wird, gibt es häufig Aha-Erlebnisse.

Wir sagen ganz häufig, dass es in Ordnung ist, mit Erwartungen und Zielen in den Kurs zu kommen. Eine ganz wichtige Voraussetzung ist dann aber eine neugierige Haltung. Neugier ist die Mutter der Achtsamkeit.

RS: Ich kann mir vorstellen, dass hier eine gewisse Spannung vorhanden ist: Erwartungen und Ziele haben, gleichzeitig auch offen sein für das, was entsteht. Das bedeutet, diese Erwartungen auch wieder loszulassen. Und bei den Erwartungen an sich selbst könnte sich wieder die innere Kritikerin melden: Du solltest doch täglich üben. Warum hast du das gestern nicht gemacht? Es entsteht wohl ein Lernprozess, in dem man sich selbst beobachtet und das, was in diesen acht Wochen entsteht.

GvA: Gerade solche Situationen sind dann auch wieder Möglichkeiten, sich besser kennenzulernen. Habe ich dort Tendenzen, mich immer schlecht zu machen, mich zu verurteilen? Schaffe ich es, auch hier immer wieder diese freundliche Haltung mir selbst gegenüber zu kultivieren? Am Anfang braucht es Disziplin: Mir etwas vorzunehmen in dem Wissen darum, dass ich mir Gutes tue. Ich tue etwas für mich. Mich darauf einzulassen.

RS: Disziplin – das ist ein Begriff, der oft sehr negativ bewertet wird. Weil er sehr stark nach Kontrolle klingt, fast ein wenig nach Gewalt. Aber Disziplin in Verbindung mit Selbstmitgefühl und mit Achtsamkeit kann etwas ganz anderes sein, kann eine ganz andere Qualität haben. Wenn ich erkenne, dass das für mich gut ist und zu meinem Wachstum beiträgt. Dann mache ich das selbstverantwortlich, nicht, weil es mir jemand vorschreibt, mich kontrolliert und bestraft.

GvA: Genau. Und vielleicht auch so mit der Haltung, dass es diese Regelmäßigkeit kriegt. Dass es Bestandteil meines Alltags wird. Und nicht mit der Überlegung, ob ich jetzt Lust dazu habe oder nicht. Manchmal hilft es am Anfang, die Übung zur gleichen Tageszeit zu machen. Dann gehört es zu einem Ritual, wie Zähne putzen.

RS: Ich denke, dass die Integration in den Alltag ganz entscheidend ist. Toll, was sich in den acht Wochen MBSR-Training tut. Aber das alleine wird es ja nicht sein. Nach dem Motto: Kurs abgeschlossen, jetzt bin ich mein Leben lang achtsam.

GvA: Der Kurs ist ein Türöffner. Man schnuppert an dieser Lebenshaltung, und dann geht es los.

Ich habe mich in die falsche Vorlesung verirrt

RS: Wie seid ihr denn auf die Themen Achtsamkeit und Selbstmitgefühl gekommen? Was ist eure persönliche Geschichte hinsichtlich eurer Berufung?

JB: Bei mir hat das schon während des Studiums angefangen. Ich wollte eigentlich Ärztin werden. Ich war noch nicht so richtig wach dafür, dass mich beim Medizinstudium vor allem das begeistert, was zwischen Arzt und Patient passiert, nicht so sehr die Anatomie und die anderen Fächer.

Da habe ich noch ein paar Ehrenrunden gedreht, bis ich mich dann einmal an der Uni Zürich in die falsche Vorlesung verirrt habe. Statt nach rechts bin ich nach links in den Saal gegangen, und das links war eine Psychologievorlesung. Ich saß da 45 Minuten lang völlig konzentriert und fasziniert. Ich merkte, wie mich das packt. Das war für mich ein Schlüsselerlebnis. Noch in der gleichen Woche entschied ich mich für die Psychologie, ich wechselte das Studium. Seither bin ich sehr glücklich damit.

Ähnlich ging es mir mit der Achtsamkeit. Buddhismus, Meditation und Yoga haben mich seit meiner Jugend interessiert. Das habe ich hin und wieder gemacht, als Hobby. Als ich dann einmal in die Ferien fuhr, kaufte ich am Flughafen noch ein Magazin. Darin las ich ein Interview mit Jon Kabat-Zinn. Wiederum war ich fasziniert. Meine Aufmerksamkeit war stark damit beschäftigt. Ich kam drauf, dass das mit meinem Beruf zu tun hat: Ah, das lässt sich ja verbinden! Das wollte ich unbedingt integrieren.

Gleich nach den Ferien meldete ich mich für einen MBSR-Kurs und die Ausbildung an. Ich musste ein bisschen um meinen Ausbildungsplatz kämpfen. Zum Glück tat ich das, denn in dieser Ausbildung lernte ich Gabriela kennen.

RS: Ich finde, das ist ein sehr schönes Beispiel dafür, dass wir nicht alles genau planen können. Vieles fällt uns zu. Es gibt so etwas wie eine sogenannte falsche Vorlesung. Von da an geht der Weg in eine andere Richtung. Wenn man sich leiten lässt. Offenheit gehört schon dazu. Dem vertrauen, was einen da so sehr packt, der Neugier nachgeben.

JB: Ja, genau. Und für mich gehört noch etwas dazu, und das ist Mut. Zum Loslassen und dazu, konkrete Schritte zu tun. Das hat für mich auch mit Disziplin zu tun, nämlich im Sinne von Tatkraft: ins Tun kommen, etwas umsetzen. Seien es erst einmal kleine Schritte, wie Gabriela sie erwähnt hat, oder auch größere Sachen im Leben. Und das muss nicht immer angenehm sein.

Eine längere Phase des Umbruchs

RS: Gabriela, wie war das bei dir?

GvA: Ähnlich wie bei Jeannine war es bei mir so, dass ich schon sehr lange mit Qigong und unterschiedlichen Formen von Meditation und Yoga unterwegs war. Es war ein Teil meiner Freizeit, weil ich spürte, dass es mir gut tut. Es waren Zeiten für mich selbst. Auch ich habe angefangen Medizin zu studieren, aber ich schaffte dann eine entscheidende Prüfung nicht. Das war so ein Moment, wo ich zu überlegen begann: Ist es das wirklich?

Dann befand ich mich in einer längeren Phase des Umbruchs, bis ich mich für die Physiotherapie-Ausbildung entschieden habe. Es war wichtig, mir Raum zu geben und wach zu sein für das, was auf mich zukommt. Das braucht seine Zeit. Es war auch nicht einfach auszuhalten. Und doch war diese Zeit äußerst wichtig. Ich habe Unterschiedliches ausprobiert.

Irgendwann hatte ich das Gefühl, dass ich längere Zeit ins Ausland möchte. Ich spürte in mich hinein, in welcher Form es möglich wäre, das umzusetzen. Jeannine erwähnte vorhin das Loslassen. Da war die Idee zu gehen, doch ich wusste nicht, was ich wirklich will. Ich gab alles auf in der Schweiz. Nach einer langen Reise nach Neuseeland und weiteren drei Jahren in einer festen Anstellung konnte ich beruflich einen großen Wechsel vollziehen.

In meiner letzten Anstellung kam mein Chef auf mich zu und zeigte mir einen Prospekt von MBSR. Er fragte mich, ob ich das kenne. Und ich sagte nein, aber es würde mich interessieren. Ich nahm bei einem Einführungswochenende teil, dann absolvierte ich den Achtwochen-Kurs. Ich bin dran geblieben, bis ich dann die MBSR-Ausbildung gemacht habe, wo ich Jeannine kennenlernte.

Ich merkte, dass ich das einerseits für mich selbst intensiv kultivieren, es aber andererseits auch in meine Arbeit integrieren möchte. Ich hatte den Hintergrund Körperarbeit, dann auch Beratung und Coaching. Mit Stress umgehen zu lernen, war auch Thema in meiner

Arbeit. Doch nun öffneten sich ganz neue Möglichkeiten. Ich sah, dass ich alles verbinden konnte. Wunderbar.

Gemeinsam ein Unternehmen führen

RS: Dein Chef zeigte dir den MBSR-Prospekt: Was für ein schönes Beispiel, dass von der Führungskraft dieser Impuls kommt, der dann genau für einen passt und zum ganz Eigenen führt.

Jetzt seid ihr selbst bereits schon seit einigen Jahren Unternehmerinnen in einer gemeinsamen Firma. War das für euch schon länger im Fokus, dass ihr ein Unternehmen führen möchtet und vielleicht auch gemeinsam mit jemand anderem?

JB: Ich bin ein freiheitsliebender Mensch. Eine Zeit lang war ich noch doppelspurig unterwegs, mit der Sicherheit einer kleinen Anstellung im Hintergrund. Dann machte ich mich aber bereits früh mit einer Einzelfirma selbständig, zunächst in einer Gruppenpraxis. Das waren gute Erfahrungen.

Doch ich nahm wahr, dass meine Aufmerksamkeit dort hinging, wenn ich von Doppelführung hörte oder von Führungsteams. Da war ein Wunsch, das lieber mit jemandem zusammen zu tun, denn zwei Köpfe denken mehr und anders als einer allein.

Ich suchte nicht, aber war einfach offen dafür. Dann ergab sich eine Gelegenheit, Gabriela kann das dann auch aus ihrer Perspektive erzählen. Ich hatte eine Anfrage für einen großen Auftrag gleich nach der MBSR-Ausbildung. Ich ging auf Gabriela zu. Nicht gleich mit der Frage, ob wir gemeinsam ein Unternehmen führen wollen, aber doch schon mit Interesse, was sie so macht und wie sie das macht, vielleicht könte sich daraus ja etwas ergeben. Und das hat sich dann tatsächlich so gezeigt.

Ich finde es täglich eine wunderbare Erfahrung, uns die Freiheit nehmen und so gestalten zu können, wie es zu uns und unseren Werten passt. Auch wenn es nicht immer leicht ist. Aber einfach schön.

GvA: Für mich ist wichtig, dass es nicht einfach wie eine Idee im Kopf da war. Ich kündigte meine vorgängige Stelle. Nicht weil es mir dort nicht mehr gepasst hat, sondern weil ich sieben Jahre dort war und mit der MBSR-Ausbildung merkte, dass eine Änderung ansteht. Ich wusste aber noch nicht genau, in welche Richtung das geht. Ich spürte allerdings, dass ich Raum brauche, damit etwas entstehen kann. Daher entschied ich mich zu kündigen.

Es war nicht so klar: Will ich reisen, fliege ich auf ein längeres Retreat oder tue ich sonst etwas. Dann kamen aber sehr schnell Aufträge, und mir war wichtig, zuerst alleine unterwegs zu sein. Ich wollte merken, wie das ist, denn ich war sonst immer in größeren Teams unterwegs. Ich bin eigentlich ein Teammensch, aber ich wollte den Unterschied kennenlernen. Alleine unterwegs zu sein hat auch seine Vorteile, das sind einfach wieder ganz andere Erfahrungen.

Und dann ist dieser Auftrag von Jeannine gekommen. Hier folgt also meine Sicht auf die Geschichte. Es war wirklich eine eindrückliche Erfahrung. Gerade in der Thematik der Achtsamkeit, die uns beiden so wichtig ist, etwas umsetzen zu dürfen und damit zu merken, was alles möglich wird und wie wir zusammen arbeiten. Das war dann ausschlaggebend, dem nachzugehen, Platz zu geben und zu sagen, vielleicht könnte noch mehr daraus werden. Das war dann allerdings ein Prozess.

Ich denke, auch hier war es wieder ein Offen-Sein für das, was ist, ein Immer-wieder-Hinschauen: Ist es wirklich das, was wir wollen? Und so hat es sich dann weiterentwickelt.

Zu uns kommen Menschen, die neugierig sind

RS: Was sind das denn eigentlich für Menschen, die sich für Achtsamkeit und Selbstmitgefühl interessieren und dann zu euch kommen, um mit euch zu arbeiten?

GvA: Spannende Frage. Ich hole ein bisschen aus. Schon bei der Gründung unserer Firma entstand in Bezug auf Marketing die Frage:

Was für Menschen wollen wir denn ansprechen? Gibt es ein klares Kundensegment? Wir haben dann einfach gemerkt, dass es das für uns nicht gibt. Zu uns kommen Menschen, die neugierig sind und sich auf Neues einlassen wollen, vielleicht anders umgehen mit gewissen Themen. Das sind einerseits junge Menschen, und andererseits hatte ich eine Kursteilnehmerin, die war 86 Jahre alt. Menschen, die in Firmen arbeiten, Menschen, die zuhause tätig sind, Männer und Frauen. Menschen in Führungsaufgaben oder in der Rolle des Mitarbeitenden. Es ist wirklich ganz breit.

RS: Das klingt sehr schön für mich, sehr vielfältig. Ich höre heraus, dass Achtsamkeit für Menschen aus verschiedensten Bereichen, mit verschiedensten Erfahrungen und Lebenshintergründen einfach ein wichtiges Thema ist und MBSR ein Zugang, der vielen hilft.

JB: Und das Schöne ist, wie Gabriela bereits sagte, dass es Menschen sind, die gerne eine Entwicklung machen wollen. Ich bin ja auch Psychotherapeutin, und da gibt es immer wieder Menschen, die leiden und die dann über die Therapie zur Achtsamkeit kommen. Sie merken, dass sie mit dem, was sie bis jetzt versucht haben, nicht weiter kommen.

Gerade gestern war ein Mann bei mir, der in einer Management-Position arbeitet. Er sagte gleich am Anfang, dass er mit Esoterik so gar nichts zu tun haben wolle. Das respektiere ich. Wenn denn Achtsamkeit überhaupt etwas mit Esoterik zu tun hat – für mich hat es das nicht –, so ist es auch nicht das erste, was ich anbiete. Ich verwendete das Wort Selbstfreundlichkeit, und an dem ist er plötzlich hängen geblieben. »Selbstfreundlichkeit, also was meinen Sie genau damit? Das finde ich ein interessantes Wort.« Dieses Wort ist auf Resonanz gestoßen bei ihm und hat ihn für dieses Thema geöffnet.

Das Wichtigste für den Weg

RS: Ich komme zur Schlussfrage. Stellt euch vor, dass wir alle auf unserem Weg der Berufung einen Rucksack mitnehmen, in den wir das Wichtigste für unsere Reise hineinpacken. Was würdet ihr mitnehmen?

GvA: Mir fällt auf, dass wir im Gespräch immer wieder die Wörter Mut und Vertrauen gebraucht haben. Das gehört für mich mit auf den Weg. Einerseits der Mut, auch mal ein Risiko einzugehen, manchmal scheint ein bisschen aus dem Gewohnten auszubrechen schon riskant. Dann auch das Vertrauen in sich selbst und in das Leben.

Ein Wissen darum, dass es ein Prozess ist: sich erlauben, in die Antworten hineinzuwachsen.

Und vielleicht auch eine Portion Beharrlichkeit, es braucht halt Zeit und Geduld. Ich denke, es sind nicht immer die Riesenschritte, die passieren. Wir wachsen in diesen kleinen Dingen. Dafür braucht es unsere Wachheit.

JB: Ich unterschreibe komplett, was Gabriele gesagt hat. Hinzufügen kann ich dem noch die Neugier: Sich neugierig darauf einlassen. Häufig sind wir sehr ängstlich unterwegs, und Angst ist etwas, das uns blockiert. Neugierig sein wie ein Kind. Im Buddhismus gibt es das schöne Wort des Anfängergeistes. Das meint, sich immer wieder zu fragen: Wie ist es denn jetzt? Was braucht es da?

Und ich würde auch noch einen Fokus in den Rucksack packen. Ich bin neugierig, mich interessiert vieles, da braucht es wirklich den Entschluss, Prioritäten zu setzen und etwas auszuwählen, um sich dann zu konzentrieren und die eigene Kraft darauf auszurichten. Sonst verzetteln wir uns.

RS: Ich spüre gerade den Rucksack auf meinem Rücken, das fühlt sich sehr gut an. Herzlichen Dank euch beiden für das Gespräch.

Gabriela von Arx

Gabriela von Arx ermöglicht Menschen, den Zugang zu sich selbst zu finden. Sie hat langjährige Führungserfahrung und ist als Organisationsberaterin, Supervisorin, Coach und Ausbildnerin sowie MBSR (Mindfulness Based Stress Reduction)-Lehrerin tätig. Neu ist sie auch Dozentin am IAS in der MBSR-Lehrerausbildung. Gemeinsam mit Jeannine Born ist sie Geschäftsführerin von *Machtbewusstsein - Institut für Identität und Entwicklung*.

www.machtbewusstsein.ch

Jeannine Born

Jeannine Born ermöglicht Menschen, durch Achtsamkeit die eigenen Ressourcen und Fähigkeiten zu aktivieren für mehr Mitgefühl, Sinnhaftigkeit und Wohlbefinden im Leben. Sie war Psychotherapeutin in einer Burnout-Klinik, hat langjährige Erfahrung in leitender Funktion als Schulpsychologin und ist als Psychotherapeutin, Coach, Organisationsberaterin und Ausbildnerin sowie MBSR (Mindfulness Based Stress Reduction)-Lehrerin tätig. Gemeinsam mit Gabriela von Arx ist sie Geschäftsführerin von *Machtbewusstsein - Institut für Identität und Entwicklung*.

www.machtbewusstsein.ch

Martina Walther: In seine Berufung hineinwachsen durch Bewegung und Stille

In Bewegung sein und in der Stille, beides ist wichtig, um mit unserer inneren Weisheit in Kontakt zu treten und aus ihr heraus zu handeln. Wir erkennen Muster und unsere Grenzen lassen sich ganz behutsam erweitern. Ganz entscheidend für unseren Weg ist, mit welchen Menschen wir in Beziehung sind. Und welchen Methoden wir vertrauen: Martina Walther hat mit Feldenkrais und Embodied Life das Richtige für ihre persönliche Entwicklung und ihre Arbeit mit Menschen gefunden.

Regina Schlager (RS): Martina, was verstehst du unter Berufung?

Martina Walther (MW): Ich habe mich auf das Gespräch vorbereitet und bereits darüber nachgedacht. Es war für mich ehrlich gesagt zunächst einmal schwer, diese Frage zu beantworten. Ich habe Freunde und Bekannte gefragt, was Berufung für sie bedeutet, um Inspirationen zu bekommen.

Dann habe ich nachgeschaut, was in Wikipedia dazu steht. Ich fand sehr interessant, dass da drei Bereiche aufgeführt sind, nämlich Amt, Recht und Religion. Man kann zum Beispiel zur Übernahme einer Professur berufen werden, im Recht bedeutet es, gegen ein Urteil zu berufen. Und der innere Ruf zu einer bestimmten Lebensaufgabe wird der Religion zugeordnet. Die Berufung kommt von außen.

Ich fand spannend, dass das, was für mich nach Berufung klingt, hier nicht erwähnt ist: Nämlich etwas, das von mir selbst kommt, unabhängig von äußeren Einflüssen oder der Religion.

Der Begriff Berufung hat sich zunächst mal so groß angefühlt für mich. Ja, bin ich denn berufen, so wie die geistlichen Größen unserer Welt, etwa der Dalai Lama? Im Laufe der Konferenzwoche ist mir allerdings klar geworden, dass ich im Moment in der Asylarbeit meine Berufung sehe, die ruft mich und gibt mir viel Energie zurück. Das ist auch etwas, was ich mit Berufung verbinde: Was mache ich gerne und mit Freude, aus welchen Begegnungen oder Tätigkeiten gehe ich mit mehr Energie hinaus als ich hineingegangen bin?

RS: Für dich und deine Arbeit sind Bewegung und Stille ganz entscheidend. Was bedeutet diese Kombination für dich? Magst du über deinen eigenen Weg erzählen?

Ich wollte nicht mehr mit dem Zufügen von Schmerzen arbeiten

MW: Christine Jung hat in eurem Gespräch erzählt, dass manche Menschen schon im Kindesalter wissen, was sie einmal werden wollen. Das war bei mir sicherlich nicht so. Da hat sich allerdings bereits gezeigt, dass ich mich gerne bewege, ich machte gerne Sport, tanzte gerne.

Und ich hatte immer schon eine gewisse Sensibilität für Dinge, die nicht greifbar sind. Ich kann mich erinnern, dass mir das als Kind manchmal unheimlich war. In meiner Familie war nicht die Offenheit dafür da und so konnte ich mit niemandem darüber reden. Ich fühlte mich alleine und fand es doch auch spannend.

Den Beruf der Physiotherapeutin erlernte ich durch einen Zufall, sofern es Zufälle gibt. Eine Frau in meiner Verwandtschaft war Physiotherapeutin. Wir waren bei ihr zum Kaffee eingeladen. Dann meinte meine Mutter: Martina, das wäre doch eigentlich etwas für dich. Das habe ich dann auch gemacht. Heute sehe ich es so, dass es eine gute Grundlage für die Arbeit ist, die ich heute mache. Einfach, um den Körper zu verstehen, die Anatomie, die Physiologie.

Irgendwann kam ich an den Punkt, dass ich nicht mehr mit Schmerz arbeiten möchte. Ich wollte den Patienten keinen Schmerz mehr zufügen. Das passiert unweigerlich, wenn man zum Beispiel ein Gelenk endgradig mobilisiert, das in der Bewegung nicht frei ist.

Todesfälle als Wendepunkt

RS: Sieht du das als einen Wendepunkt in deinem Leben, als dir das bewusst wurde?

MW: Der Wendepunkt war eine Phase in meinem Leben, wo es einfach schwierig war. Wir hatten plötzliche Todesfälle in unserem engeren Kreis. Ich fragte mich, wie ich damit besser umgehen kann. In einer Meditation mit einer Freundin sind zwei Dinge aufgetaucht: die Feldenkrais-Ausbildung zu machen und Klavier zu spielen. Klavier zu spielen habe ich noch nicht begonnen, mit der Feldenkrais-Ausbildung aber tatsächlich ziemlich schnell.

Diese Ausbildung veränderte viel in meinem privaten Leben und in meiner Arbeit. So etwa nach einem Jahr kündigte ich meinen Job in der Physiopraxis, wo ich angestellt war. Die Patienten waren unzufrieden. Sie sagten: Wir wollen etwas spüren, das muss doch auch mal weh tun. Und ich war unzufrieden, weil ich diese feine Feldenkrais-Arbeit einfach nicht mehr mit der klassischen Physiotherapie vereinbaren konnte. Ich wollte mich nicht mehr in dieses Schema hineinpressen lassen.

Ich machte mich selbständig und begann Gruppen zu unterrichten. Man darf nach zwei Jahren Feldenkrais-Ausbildung bereits Gruppen unterrichten und nach vier Jahren dann auch die Einzelsitzungen anbieten.

Die Feldenkrais-Methode ist eine Lernmethode

RS: Feldenkrais wird nicht jedem etwas sagen. Magst du etwas näher erklären, worum es sich dabei handelt?

MW: Der Name kommt vom Begründer der Methode, Moshé Feldenkrais. Er hatte selbst Knieprobleme. Ausgehend von dieser Problematik entwickelte er die Feldenkrais-Lektionen.

Die Feldenkrais-Methode ist eine Lernmethode. Was ich dabei ganz wichtig finde, und was Feldenkrais von anderen Bewegungsformen unterscheidet, ist, dass jeder sich so bewegt, wie er kann. Es geht überhaupt nicht um Leistungsdruck oder irgendwelche perfekten Ausgangsstellungen, die man erreichen muss. Es werden viele kurze Pausen gemacht. Meistens liegen die Teilnehmer auf dem Boden und haben die Augen geschlossen. Man sieht also gar nicht, was der Nachbar macht, man kann ganz bei sich sein.

Es wird möglich, neue Bewegungsmuster zu entdecken, um sich leichter und entspannter zu bewegen. Dadurch hat man vielleicht weniger Nacken- oder Rückenschmerzen. Es kommen ganz unterschiedliche Menschen zu mir, die diese sanfte Form der Bewegung einfach genießen.

RS: Ich selbst lernte die Feldenkrais-Methode vor circa neun Jahren kennen. Bei einem Einführungsworkshop an einem Samstag-Nachmittag hatte ich ein Aha-Erlebnis: Ich muss überhaupt nichts leisten. Der Trainer zeigt nicht vor, wie es richtig gemacht werden muss. Er gibt verbale Anweisungen und weist dich darauf hin, dass du die Bewegungen in deinem eigenen Tempo durchführen kannst. Es geht nicht darum, deine Grenzen zu überschreiten, sondern deine Grenzen ganz achtsam wahrzunehmen. Für mich war das ein wunderbares Erlebnis. Ich merkte, dass ich gerade dadurch meine Grenzen erweitern konnte: beispielsweise das Bein im Laufe der Übung sukzessive weiter nach links bewegen, ganz ohne forciertes Stretching.

MW: Moshé Feldenkrais war seiner Zeit schon sehr weit voraus. Er sagte bereits, dass das Gehirn bis ins hohe Alter lernfähig ist.

Den Traum vom eigenen Praxisraum verwirklicht

RS: Jetzt bist du in eigener Praxis tätig. Wie hat sich diese Entwicklung gestaltet?

MW: Es war immer so mein Traum, meinen eigenen Raum zu haben. Unabhängig zu sein von Vereinbarungen, von Raumgrößen, von den Dingen, die in fremden Räumen herumliegen. Manchmal war es zu kalt, manchmal war ich in Kellerräumen. Die Raumatmosphäre ist mir sehr wichtig.

2010 konnte ich diesen Traum dann in unserem Haus realisieren. Wir haben die Garage umgestaltet. Es war irgendwie von Anfang an eine wunderbare Energie hier. Das bestätigen auch die Leute, die zu mir kommen. Schon wenn sie das erste Mal in den Raum treten, bemerken sie das.

Die Essenz von Embodied Life

RS: Ich kann das bestätigen. Ich kenne den Raum. Uns verbindet Einiges. Wir sind befreundet, wir haben beide die Embodied-Life-Ausbildung gemacht und arbeiten damit. Jetzt können sicherlich nicht alle etwas mit diesem englischen Begriff anfangen. Ich gebe zu, dass ich mir immer noch schwer tue, zu beschreiben, was Embodied Life ausmacht. Wie würdest du die Essenz beschreiben?

MW: Embodied Life beinhaltet drei Elemente: Bewegung nach Feldenkrais, Zen-basierte Meditation und achtsame Selbsterkundung mit Elementen des Focusing. Russell Delman integriert das zu etwas Neuem, das sich auch permanent weiterentwickelt.

Was ist die Essenz? Ich glaube, dass meine Klienten dadurch lernen, in sich hineinzuhören, ihre innere Stimme zu hören und wahrzunehmen, was ihnen jetzt im Moment gut tut. Es sagt sich ja so leicht: So, jetzt komm einmal in den gegenwärtigen Moment. Meiner Erfahrung nach ist es leichter, wenn wir gut in unserem Körper sind. Wenn ich gut in meinem Körper bin, kann ich in die Stille gehen. Und dann kann ich auch gut in mich hineinlauschen.

Diese drei Aspekte des Embodied Life können wirklich gut dabei unterstützen, einen Lebensweg zu gehen, der sich stimmig anfühlt.

RS: War das in deinem Leben auch so, dass dich Embodied Life unterstützt hat und vielleicht weiterhin unterstützt?

MW: Ja, auf jeden Fall. Ich lernte Russell Delman als Trainer in meiner Feldenkrais-Ausbildung kennen. Er unterrichtete damals bereits Embodied Life, hat die Meditation aber noch nicht explizit einfließen lassen. Ich spürte allerdings, dass da noch mal eine andere Ebene angesprochen wird.

Als ich meine Feldenkrais-Ausbildung abgeschlossen hatte, wurde mein Mann sehr krank. Ich bin sehr dankbar, dass es ihm heute wieder gut geht. Damals überlegte ich, wie wir uns in dieser Situation gut begleiten lassen können. Ich begann mit der Embodied-Life-Ausbildung aus einer persönlichen Notlage heraus, ich hätte mir damals nie gedacht, dass ich Embodied Life einmal selbst unterrichte.

RS: Für mich klingt das so, dass du nicht bereits im Voraus genau geplant hast, wo es beruflich hingeht, sondern dass das wirklich ein langjähriger Prozess war, in ganz enger Verbindung mit deinen eigenen Erfahrungen, deiner persönlichen Entwicklung.

Ich hatte das Glück, die richtigen Menschen zu treffen

MW: Ich merke, dass ich in meinem Leben das Glück hatte, immer zu schwierigen Zeiten die richtigen Menschen zu treffen. Da bin ich sehr dankbar dafür. Es ist immer irgendwie weitergegangen.

RS: Würdest du sagen, dass es ganz entscheidend ist, Menschen zu treffen, die Hilfe und Impulse geben?

MW: Auf jeden Fall. Das ist äußerst wichtig.

RS: Du hast bei einem Element von Embodied Life die Nähe zu Focusing erwähnt. Das ist ja auch wiederum ein bestimmter Ansatz, eine Methode wenn man so will. Russell Delman spricht ja mittlerweile von Embodied Listening, es hat also etwas mit Zuhören zu tun. Wie würdest du dieses Element von Embodied Life beschreiben?

MW: Es gibt den Satz, dass wir alle eine innere Weisheit in uns tragen. Bei Embodied Life gehen wir zunächst einmal über den Körper mit der Aufmerksamkeit in unserer Inneres. Ganz konkret, ganz handfest:

Wir spüren unsere Füße auf dem Boden, das Gewicht des Beckens auf dem Stuhl, wir nehmen Kontakt zum Atem auf. Wir können mit einer Frage, die uns beschäftigt, in die Sitzung gehen und schauen, was sich zeigt. Wichtig ist, sich Zeit zu geben und sich nicht unter Druck zu setzen.

Eine Vertrauensbeziehung mit der inneren Weisheit

RS: Das finde ich das Bemerkenswerte an dieser Arbeit, dass ich lerne, mich nicht unter Druck zu setzen. Oft haben wir zunächst eine hohe Erwartungshaltung an uns selbst und sagen uns, dass wir schnell zu schlüssigen Antworten kommen müssen. Diese achtsame Selbsterforschung hat mir ermöglicht, eine Vertrauensbeziehung mit meinem inneren Erleben aufzubauen. Da leben sehr scheue, auch verletzte Anteile in mir. Die trauen sich nicht einfach so hervor, schon gar nicht, wenn sie sich dazu gezwungen fühlen. Für mich ist es ausschlaggebend, und das merke ich auch, wenn ich mit Menschen damit arbeite, dass Warmherzigkeit und Wertschätzung die grundlegende Haltung ist.

MW: Ja, das ist auf jeden Fall wichtig. Man kann Focusing alleine machen und auch mit einem Gegenüber, einem Focusing-Partner oder einem professionellen Begleiter. Das ist ein wunderbares Geschenk, wenn jemand dabei ist, der dir ohne Wertung zuhört.

RS: Genau, das ist eine gute Ergänzung. Ausschlaggebend ist in allen Fällen, in einer aufmerksamen Präsenz zu sein, mit sich selbst und mit dem anderen. Das ist keine Technik, das ist eine Haltung, eine Lebenseinstellung.

Die Arbeit mit den afghanischen Frauen

RS: Du hast anfangs erwähnt, dass du derzeit deine Berufung am meisten in der Asylarbeit mit afghanischen Frauen spürst. Magst du darüber erzählen?

MW: Ich habe ein Jahr lang afghanische Flüchtlingsfrauen mit der Embodied-Life-Arbeit begleitet. Aufmerksam geworden bin ich durch einen Artikel in einer lokalen Zeitung. Der Asylkreis suchte Helfer. Ich dachte, da möchte ich gerne ehrenamtlich mitmachen.

Ich erzählte dem Leiter der Organisation von Embodied Life und dass ich das gerne mit den Frauen machen würde. Er war zunächst skeptisch, weil er das nicht kannte und wohl dachte, ich will da irgendwie missionieren. Das war aber überhaupt nicht meine Absicht.

Eine gewisse Hartnäckigkeit war schon notwendig. Es gab eine wöchentliche Teestube, wohin die Frauen eingeladen waren. Dort bin ich einige Wochen lang hingegangen. Ich wollte zunächst mal Kontakt aufnehmen zu den Menschen. Dann habe ich sie einmal in meinen Praxisraum eingeladen. Sie haben zugesagt. Ich holte also an einem Freitagnachmittag fünf verschleierte Frauen vom Asylheim ab.

Ihnen fiel es sehr leicht zu meditieren. Ich dachte, dass das vielleicht daher kommt, dass sie sehr mit ihrer Religion verbunden sind. Ich habe sie gefragt, ob eine von ihnen ein Gebet sprechen möchte. Und das war dann sehr berührend. Es war plötzlich egal, welche Religion wir haben. Wir fühlten uns einander einfach verbunden. Es war ganz viel Liebe im Raum.

Diese Treffen fanden dann regelmäßig für etwa ein Jahr statt. Ab einem gewissen Zeitpunkt wurde es schwierig, Termine mit allen aus der Gruppe zu vereinbaren. Und da hatte ich die Idee, dass es einfacher wäre, mit Einzelpersonen zu arbeiten.

Ich bin dann direkt ins Asylheim gegangen und begann, mit einer jungen Frau Feldenkrais zu machen. Sie hatte ihr Baby mit dabei, das unentwegt schrie. So wechselte ich dazu über, mit dem Baby zu arbeiten. Das Mädchen lernt ganz schnell, lacht jetzt, wenn sie mich sieht und weint überhaupt nicht mehr.

RS: Willst du damit weitermachen, vielleicht auch noch mit anderen Frauen?

MW: Das ist so die Frage, die mich im Moment beschäftigt. Wie gestalte ich das? Es ist ein Ehrenamt, in das ich viel Zeit investiere. Und es ist mir auch wichtig, Geld zu verdienen und eine gewisse Sicherheit zu haben. Aber ich merke, wie stark es mich dahin zieht.

RS: Ich finde, dass ist ein wichtiger Aspekt, den du hier ansprichst. Meines Erachtens haben wir einen eingeschränkten Begriff von Arbeit, weil wir meistens nur Erwerbsarbeit damit meinen. Aber auch Ehrenamt ist Arbeit. Es gibt verschiedene Formen der Arbeit, worin man seine Berufung sehen kann.

Ich höre jedenfalls heraus, dass da viel im Fluss ist für dich derzeit. Da sind auch Fragezeichen. Es ist ein Prozess, der andauert. Wirklich ein Gestalten.

MW: Ja, ich bin sehr neugierig, wo mich das hinführt. Es fühlt sich jedenfalls freudig an. Und ich kann so mit dieser ganzen Flüchtlingssituation leichter umgehen. Ich konnte ab einem gewissen Zeitpunkt keine Nachrichten im Fernsehen mehr anschauen, habe auch Facebook gemieden, weil mich das so erschüttert hat. Ich merke, dass sich ganz viel verändert, wenn man mit den Menschen in Kontakt tritt.

Das Wichtigste für den Weg

RS: Martina, stell dir vor, wir nehmen auf unserem Weg der Berufung alle einen Rucksack mit. Da packen wir hinein, was für unsere Reise am Wichtigsten ist. Was kommt da bei dir hinein?

MW: Gelassen sein, in die Ruhe kommen. Das ist ganz zentral. Hineinspüren und dann auch offen sein für das, was kommt, was einem so begegnet auf dem Weg, was einem angeboten wird.

Auch schauen: Welche Menschen tun mir gut, von wem distanziere ich mich lieber? Das war wirklich ein Lernprozess für mich in der letzten Zeit. Ich dachte mir früher, dass ich doch offenherzig für alle sein muss. Manchmal ist es aber doch notwendig sich abzugrenzen.

Ich muss jetzt gerade schmunzeln. Ich denke, Humor ist sehr wichtig. Über sich selber lachen können.

RS: Das finde ich schön, dass du den Humor erwähnst. Ich merke gerade, dass das für mich ein ganz wichtiger Aspekt ist. Es verliert dann etwas von dieser Ernsthaftigkeit, die sich sehr verkrampft anfühlen kann.

Martina, ganz herzlichen Dank für das Gespräch.

Martina Walther

Martina Walther arbeitet in eigener Praxis in Deutschland. Sie ist ausgebildete Feldenkrais- und Embodied-Life-Lehrerin. Sie war mehrere Jahre als Physiotherapeutin in Rehabilitationskliniken in der Abteilung für Neuropsychologie tätig. In der Asylarbeit begleitete sie afghanische Frauen für ein Jahr mit der Embodied-Life-Arbeit (nach Russell Delman) in Kaufbeuren bei München.

Nicole Stadler: Achtsam mit der eigenen Energie umgehen

Wenn wir uns selbst kennenlernen und auf unsere Bedürfnisse achten, ist eine ganz entscheidende Frage, was uns Energie gibt. Wichtig ist dabei, auf den eigenen Biorhythmus zu achten. Das ermöglicht die Balance zwischen Ruhe und Aktivität, Zeitmanagement wird so zu Energiemanagement. Wir können uns der Frage öffnen, wie wir in Kontakt mit anderen Menschen sein möchten und was wir der Welt schenken.

Regina Schlager (RS): Nicole, was verstehst du unter Berufung?

Nicole Stadler (NS): Berufung ist für mich in erster Linie ein Prozess. Es ist etwas, das sich entwickelt, dem man sich über die Zeit immer mehr annähert, wenn man das möchte. Ich sehe das an meinem eigenen Weg. Vor zehn Jahren wusste ich noch nicht so genau, was meine Berufung sein wird. Und jetzt habe ich wirklich die schöne Situation, wo ich mich dem schon ganz nah annähern durfte über vielfältige Erfahrungen in meinem Berufsleben und auch im Privatleben. Ich glaube, dass das immer noch weitergeht, ich mich dem noch mehr nähern kann und dass sich dazu dann wirklich auch die Möglichkeiten ergeben werden.

Was gibt mir Energie?

Für mich ist Berufung etwas, das mir Energie gibt. Wenn ich meine Berufung jeden Tag leben kann, dann verfüge ich über viel Energie. Und das ist mir wichtig. Ich arbeite stark mit dem Thema Energiemanagement. Das heißt, wie gehe ich mit meiner körperlichen Energie um, ich kriege aber auch Energie auf der mentalen Ebene, ebenfalls auf der emotionalen Ebene sowie auf einer vierten Ebene, ich nenne diese die Sinnebene. Und das bedeutet für mich, wenn ich weiß, warum ich etwas tue, warum mir diese Aufgabe Spaß macht, dann ist das eine Berufung.

Ich wünsche uns allen, dass wir diesen Weg gehen können und herausfinden, was uns Energie gibt im Leben. Das schließt ein, dass wir so gut wie möglich Dinge verabschieden können, die uns Energie rauben, und dass wir diese Unterscheidung im Alltag auch immer wieder treffen können.

RS: Ich möchte zunächst auf den Aspekt eingehen, dass Berufung ein Prozess ist. Das entspricht auch meiner Auffassung. Ich spreche von Berufung gestalten. Dieses Gestalten beinhaltet für mich, dass es ein kreativer Prozess ist, etwas, wo wir ständig dran sind. Dabei ist es natürlich schön und wichtig, immer wieder das Gefühl zu haben, angekommen zu sein. Und dennoch gehe ich dann weiter.

NS: Ja, es geht immer wieder weiter. Für mich ist das Element der Gestaltung auch sehr wichtig. Ich glaube fest, dass wir selbst in der Verantwortung sind, diese Schritte zu tun. Es kommt niemand von außen und sagt uns, was unsere Berufung ist, sondern wir dürfen diese selber finden. Wir dürfen uns auf den Weg machen, die Dinge ins Leben zu ziehen, die uns Energie verleihen.

Da folgt dann auch die berufliche Verwirklichung, wenn man diese innere Stimme konsequent verfolgt und sich immer wieder die Frage stellt, was tue ich gerne, was bereitet mir Freude in meiner Tätigkeit, worauf freue ich mich am Morgen, wenn ich aufstehe. Und aber auch konsequent Dinge sein lässt, so gut das eben geht, die nicht mehr stimmig sind.

Durch die Stille mit der inneren Stimme in Kontakt kommen

RS: Jetzt hast du die innere Stimme erwähnt. Wie gelingt es denn deiner Erfahrung nach, auf diese innere Stimme zu hören? Oder sie überhaupt einmal wahrzunehmen?

NS: Das ist eine gute Frage. Ich erinnere mich, dass ich noch vor sieben, acht Jahren keinen guten Zugang zu meiner Intuition oder zu meiner inneren Stimme hatte. Ich habe das nicht verstanden, ich hörte da nichts. Aber ich habe dann irgendwann begonnen, näher in die

Stille zu gehen. Das hatte dann verschiedene Formen. Mal hatte ich meditiert, mal Yoga gemacht. Ich gehe auch gerne in die Natur, in den Wald, verbinde mich mit den Elementen.

Wenn immer ich mir solche Zeit für mich nehme, diese Stille zulasse, dann kommen auch die Antworten in mir. Dann kann ich sie hören. Wenn ich hingegen sehr hektisch unterwegs bin, wenn mein Tag mit ganz vielen Terminen zugepflastert ist und ich mir keine Inseln der Ruhe schaffe oder keine richtigen Pausen gönne, dann merke ich, dass ich den Zugang zur Intuition verliere. Dann fühlt es sich an wie ein Funktionieren, und das will ich eigentlich nicht mehr. Ich versuche heute sehr konsequent, mich immer mit meiner inneren Stimme zu verbinden, damit ich einfach auch sehe, wohin mein Weg mich führt, was im Moment richtig ist für mich und was falsch.

Die Balance zwischen Aktivität und Ruhe

RS: Mir fällt ein Artikel auf deinem Blog von dir ein, der mich sehr angesprochen hat. Du schreibst über das Gespräch mit einer Frau, die du in Griechenland getroffen hast. Die Frau erzählte dir darüber, was sie gerade tut: Sie nimmt viele Projekte an, übt verschiedene Tätigkeiten aus. Das Gespräch fühlte sich für dich anstrengend an.

Ich habe den Eindruck, dass das heute ein Thema für viele ist. Es gibt so viele Möglichkeiten. Menschen sind vermehrt in verschiedenen Beschäftigungsformen tätig, die sie kombinieren: Anstellung, Selbständigkeit, Freiwilligenarbeit. Dann gibt es natürlich auch noch das Engagement in der Familie, bei der Betreuung bzw. Pflege von Angehörigen, in der Nachbarschaft, in Vereinen, beim Sport und mit Hobbies. Alle diese Tätigkeiten können Energie geben, motivieren, uns begeistern. Aber was macht es mit uns in Hinblick auf den Aspekt, Pausen zu machen und in die Stille zu gehen? Bleibt da noch Raum dafür? Das scheint mir ein Spannungsverhältnis zu sein. Wie siehst du das?

NS: Nein, ich finde nicht, dass das ein Spannungsverhältnis ist. Im Gegenteil. In der Mitte von den beiden Polen, da finde ich die Harmonie. Da finde ich auch die Berufung, die Freude, da finde ich das, wo ich ausgeglichen bin. Die Balance ist wichtig. Ich persönlich führe auch ein sehr aktives Leben, ich bin vielfältig, ich habe viele Interessen. Ich bin sehr begeisterungsfähig und lasse mich auch gerne auf neue Projekte ein. Ich merke allerdings einfach auch schnell, dass ich mich dann ab und zu überfordern würde, wenn diese Momente der Ruhe nicht wären.

Ich brauche einfach beides. Ich brauche die Aktivität und die Passivität. Ich brauche die Aufregung, das lebendige Leben, aber dann auch wieder die Rückzugsmöglichkeiten. Und ich habe einfach bei mir selbst etwas beobachtet: Immer dann, wenn ich es schaffe, beide Pole zu leben, dann bin ich zufrieden. Ich darf wirklich sagen: Ich fühle mich in meinem Leben heute sehr selten gestresst, das gibt es fast nicht mehr.

Früher hingegen wurde ich manchmal ein bisschen durchgeschüttelt. Ganz einfach deshalb, weil ich meine eigenen Grenzen noch nicht so gut kannte. In der Begeisterungsfähigkeit habe ich zu oft Ja gesagt. Heute überlege ich mir die Dinge vielleicht ein bisschen länger und sage auch einmal Nein. Das ist auch ganz wichtig, und darüber habe ich auch geschrieben in diesem Blogbeitrag, den du hier erwähnst.

Wieder auf unsere Sinne hören

Es ist ganz wichtig geworden, wieder auf unsere Sinne zu hören, wieder in den Körper zurückzugehen. Wir sind alle in einer sehr kopflastigen Welt unterwegs hier in Westeuropa. Wir denken viel, und manchmal geht während des Tages irgendwo der Bezug zum eigenen Körper verloren. Ich merke das, weil ich selbst tanze und mich viel in der Natur bewege. Da realisiere ich immer wieder: Oh, ich habe ja noch Beine, die hatte ich ganz vergessen während des Tages.

Unsere Sinne können wir in den vielfältigsten Formen genießen: kochen, gärtnern, sich massieren, tanzen, lachen, etwas Schönes ansehen oder anhören. Es gibt so viele Möglichkeiten. Und damit verbunden ist dann auch die Sinnlichkeit. Das hat ja das Wort Sinne und Sinn schon in sich. Ich mag es einfach, die Sinnlichkeit ins Leben zurückzubringen, bewusst über die Sinneskanäle wahrzunehmen. Das ist für mich wahre Lebensqualität, die ich nicht mehr missen möchte.

Auf den eigenen Rhythmus achten

RS: In deinem von mir erwähnten Blogartikel ging es auch darum, Prioritäten zu setzen. Du hast herausgefunden, was deine höchste Priorität ist und du hörst auf sie. Wie kann sich das denn kraftvoll anfühlen und dennoch leicht?

Worauf ich hinaus will: Wenn von Prioritäten setzen gesprochen wird, schwingt oft die Botschaft mit, man solle seine Zeit einfach besser managen. Und da gibt es dann bestimmte Methoden, die einem zur Anwendung empfohlen werden. Meiner Erfahrung nach kann das dazu führen, dass man eher das Gefühl hat, jetzt fühle ich mich ich mit all diesen Methoden noch mehr überfordert als es vorher bereits der Fall war. Ich habe bei dir den Satz »Vergiss Zeitmanagement« gefunden. Was willst du damit aussagen?

NS: Ich habe mich einfach entschieden, dass ich mich zuerst einmal mit meinem Biorhythmus beschäftige. Ich habe ganz konkret begonnen zu beobachten, wie mein Körper funktioniert. Wann bin ich wach, wann bin ich kommunikativ? Wann hingegen bin ich eher fokussiert, konzentriert auf eine Aufgabe und mag mich nicht ablenken lassen vom Kontakt mit anderen Menschen?

Es gibt Phasen, die sich über den Tag ziehen. Die hat jeder von uns. Es gibt das Institut für Chronobiologie in München, das beschäftigt sich ganz intensiv mit unseren Tagesrhythmen, unseren Körperrhythmen. Ich habe meine Rhythmen mittlerweile sehr gut kennengelernt. Das heißt für mich auch, dass ich sehr bewusst meinen Tag und meine Woche plane, und zwar entsprechend meinem Biorhythmus.

Das bedeutet, dass ich ganz genau weiß, zu welchen Stunden ich mir die Zeit für eine fokussierte Tätigkeit reservieren will. Ich weiß aber auch, wann ich eher Verhandlungen oder wichtige Gespräche führe. Da gibt es einen Zeitpunkt, der dauert zwei, drei Stunden pro Tag. Das ist so ein Zeitfenster, das ich mir dann meistens für diese anspruchsvollen Tätigkeiten frei halte.

Dann gibt es Phasen, da ist die Kreativität oder die Gestaltung wichtig. Und für die meisten von uns sind die Abendstunden diejenigen, wo unsere Sinne wirklich geschärft sind. Also beispielsweise hören wir am Abend besser und wir sind einfach empfänglicher für alles, was über die Sinneskanäle herein kommt. Und das zu wissen hat bei mir dazu geführt, dass ich abends praktisch nie arbeite. Ich schalte meinen Laptop aus, so um sechs, sieben, weil mir die Abendstunden zu schade dafür sind. Abgesehen davon bin ich auch nicht wahnsinnig produktiv nach sieben Uhr. Am Morgen bin ich sehr aktiv und wach, ich kann Sachen sehr schnell und effizient abarbeiten.

Ich glaube, wenn man diesen Rhythmen folgt, dann ist Zeitmanagement nur die zweite Priorität. Und man kann, wenn die Energien richtig sind, sehr vieles in kürzerer Zeit erledigen, als wenn man einfach pures Zeitmanagement betreibt. Das Prioritätensetzen hat für mich jetzt etwas Leichtes und auch Schönes.

In der Verbindung mit den eigenen Bedürfnissen bleiben

RS: Das klingt für mich nach wundervollem Gestaltungsspielraum. Ich habe eine über 20-jährige Erfahrung als Angestellte. Und da ist es mit dem Beachten der eigenen Rhythmen nicht ganz so einfach, weil es Rahmenbedingungen gibt, wo man vielleicht nicht sagen kann: Ok, ich mache jetzt eine gewisse Arbeit zu diesem bestimmten Zeitpunkt oder ich setze meine Besprechungen nur dann an, wenn ich mich wirklich energievoll fühle.

Du warst vor deiner Selbständigkeit in Unternehmen angestellt. Und du arbeitest auch mit Menschen, die in Unternehmen tätig sind. Was gibt es denn da aus deiner Sicht für Möglichkeiten, trotzdem auf seine Rhythmen zu achten?

NS: Das ist bestimmt ein Privileg, das ich jetzt als Selbständige habe. Dass ich absolut frei entscheiden kann. Das ist mir klar. Aber es gibt auch innerhalb der Unternehmen durchaus gewisse Freiheiten. Ich glaube zu beobachten, dass diese sich noch mehr entwickeln. Beispielsweise bei dem Unternehmen, wo ich fünf Jahre lang angestellt war. Da hatten wir enorm viele Freiheiten. Die Leute sind manchmal morgens um acht Uhr ins Büro gekommen, manchmal um elf, manchmal um zwei Uhr nachmittags. Da hat man uns wirklich sehr wenig Vorgaben gemacht. Wir hatten auch nicht allzu viele Besprechungen. Also ich konnte mir eigentlich schon zu einem großen Teil den Tag so einplanen, wie ich es wollte.

Ich bin mir allerdings bewusst, dass das wirklich nicht überall der Fall ist. Und dann ist es umso wichtiger, finde ich, dass man sich gute Pausen gönnt, sich dort wieder auflädt, zu sich selbst zurückfindet. Eine Möglichkeit ist, bewusst zu atmen, den Atem fließen zu lassen und zur Ruhe zu kommen. Und dann den Kontakt zu sich selbst nicht abbrechen zu lassen, auch wenn viele Leute etwas von einem wollen.

Ich erlebe das auch, zum Beispiel bei meinen Workshops, die ich gebe. Da kommen viele Fragen, viele Leute wollen etwas von mir. Manchmal bin ich dann in einer Situation, wo mich das überwältigt, weil die Nachfrage groß ist oder alle gleichzeitig etwas von mir möchten. Ich habe mir einfach gewisse Techniken angeeignet, wie ich es schaffe, trotzdem in der Verbindung mit meinen Bedürfnissen zu bleiben und nicht meine Energie zu verlieren.

Was mache ich da hauptsächlich? Ich beobachte meine Atmung. Und ich achte auf mein Bauchgefühl. Ich schaue, wie es mir gerade geht, wo die andere Person steht und was wir gemeinsam kreieren können. Wenn ich merke, dass ich zum Beispiel ein Gespräch nicht mehr weiterführen kann, ziehe ich mich langsam wieder zurück und respektiere so meine eigenen Grenzen.

Sich Pausen gönnen

RS: Den Atem wahrzunehmen, dass ist im Grunde etwas, das immer möglich ist. Da braucht es nicht viel Zeit dafür und niemand bekommt es mit. Vor zehn Jahren arbeitete ich in Wien in einem großen Beratungsunternehmen. Ich kam irgendwann einmal drauf, dass ich mir viele Normen selbst auferlege. So hatte ich zum Beispiel lange das Gefühl, mir mittags nicht richtig Zeit für die Mittagspause nehmen zu dürfen.

Ich stellte fest, dass es mir aber enorm wichtig ist, eine Pause zu nehmen und in Ruhe zu essen. Auch mal rauszugehen und einen kurzen Spaziergang zu machen oder in den Park zu setzen. Es war so eine Erkenntnis, dass ich für das einstehen muss, was mir wichtig ist und gut tut.

NS: Ich finde diese Pausen so wichtig. Das mit dem bewussten Atmen, das kann man immer machen, auch wenn man in einer Verhandlung sitzt oder in einer Besprechung. Das bemerken die anderen im Raum ja gar nicht. Das ist im Gegenteil etwas, das du für dich selber machst, und ich glaube, das strahlst du dann sogar aus. Du bist präsent, und das wirkt sich wiederum auf die Qualität des Gespräches aus.

Also je stärker du es schaffst, die Verbindung aufrechtzuerhalten, desto erfüllter fühlst du dich. Ich finde das eine wunderschöne Übung. Ich schaffe es nicht immer, hundert Prozent präsent zu sein, aber ich übe.

Und was mir auch noch eingefallen ist bei deinem Beispiel mit dem Mittagessen: Ich hatte vor ein paar Monaten so eine für mich bemerkenswerte Situation. Und zwar habe ich eine ganze Woche lang einen Workshop vorbereitet zu einem bestimmten Thema. Ich war da sehr intensiv dran, aber auch irgendwie wie gefangen. Ich sah den Wald vor lauter Bäumen nicht mehr. Ich wusste gar nicht mehr, ob ich das Richtige tue, ich war nicht mehr sehr kreativ. Ich war im Kopf gefangen.

Dann wurde die Zeit auch langsam knapp. Ich wusste einfach, ich habe jetzt noch einen Nachmittag, um das Ganze rund zu machen.

Und dann habe ich einfach ganz stark den Impuls gekriegt, dass ich jetzt an den See in der Nähe meiner Wohnung gehen muss: ohne Laptop, ohne irgendwelche Notizblätter. Ich habe dann noch einen Freund getroffen. Wir haben uns etwa drei Stunden lang unterhalten, sind herumspaziert, und ich bin völlig weggekommen von dem Workshop. Wir haben über ganz viele andere Themen gesprochen. Ich war total erholt und wieder zurück auf einer anderen mentalen Ebene.

Irgendwann spürte ich: So jetzt ist es gut, jetzt gehe ich nach Hause. Schon auf dem Weg hatte ich die zündende Idee für die Einleitungsübung dieses Workshops. Also das war so die knackige Idee, die mir noch gefehlt hatte. Damit hatte sich ein großer Knopf in mir drin gelöst, und danach ist es nur noch geflossen. Ich habe noch ungefähr eine halbe Stunde gebraucht, um alles fertigzustellen. Ich spürte einfach, es ist jetzt richtig so. Es war dann ein toller Workshop, sehr rund.

Ich musste mir diese lange Pause von drei Stunden wirklich selbst erlauben, obwohl es wirklich nicht auf der Hand lag. Früher hätte ich mich gezwungen, das noch fertig vorzubereiten. Und das wäre schon irgendwie hingekommen. Aber jetzt hatte es einfach eine ganz andere Qualität, und ich hatte sehr viel Energie gewonnen.

RS: Das hat die Kreativität gefördert oder überhaupt erst ermöglicht, dass diese zündende Idee gekommen ist.

NS: Genau. Man muss sich manchmal Dinge erlauben, die man gewöhnlich nicht tut. Dazu möchte ich auch ermutigen. Einfach out-of-the-box zu denken, auch mal etwas Verrücktes zu tun. Ich versuche immer wieder, in meinem Leben ganz viel neue Erfahrungen zu machen, mich an Dinge zu wagen, die mir noch fremd sind. Ich glaube, das führt dazu, dass wir beweglich bleiben. Wir lassen uns dann nicht so stark vom Alltag einzwängen. Wir wagen es, immer wieder mal raus zu springen und neue Erfahrungen zu machen.

Energieräuber und Energiespender

RS: Wie können wir eigentlich herausfinden, was Energieräuber für uns sind und was Energiespender?

NS: Die Achtsamkeit ist hier wiederum der Schlüssel. Dass wir uns einfach immer wieder in uns zurückziehen und auch fragen, tut mir das jetzt gerade gut, erzeugt es Freude oder erzeugt es Hektik oder Stress. Und alles, was Freude erzeugt, das erzeugt auch Energie.

Je besser wir uns selber kennenlernen, desto besser wissen wir, was uns Freude macht. Und ich weiß, dass das manchmal schwierig ist, wenn der Alltag so voll ist und die Kinder schreien und alle wollen etwas von einem. Und umso wichtiger ist es, diese Energieoasen oder Freudeoasen ganz bewusst zu pflegen. Man kann sie in einen Kalender eintragen. Aber wichtig ist einfach, dass man sich ganz bewusst überlegt und auch mal aufschreibt, was einen beflügelt und Energie schenkt im Leben. Und das dann nicht als zweite Priorität betrachtet, sondern diese Termine im Kalender einträgt und dann auch wirklich einhält. Ich kann die Wichtigkeit nicht genug betonen.

RS: Freudeoasen, das finde ich sehr schön.

NS: Und wie die dann aussehen, das ist jedem selber überlassen. Ich habe vorher bereits gesagt, dass es für mich zum Beispiel das Tanzen ist. Es ist die Berührung. Es ist auch die Natur. Es sind wunderschöne Gespräche mit Freunden. Ich schreibe sehr viel und blogge gerne, das ist etwas, das ich wirklich aus dem Herzen mache. Ich reise gerne. Es gibt ganz viele Dinge, viele Kleinigkeiten, sodass wir uns wirklich am Alltag freuen.

Was ich einfach auch betonen möchte, ist die persönliche Haltung. Ich habe für mich eine Haltung gefunden, mit der ich durch den Tag gehen möchte. Wenn ich aufstehe am Morgen, dann verbinde mich wieder damit, dass ich den Menschen an diesem Tag großzügig, liebevoll und dankbar begegnen möchte. Wenn ich es schaffe, mich während des Tages daran zu erinnern, was mir da wichtig ist, dann stärkt mich das noch mehr. Da ist natürlich eine gewisse Disziplin und eine

Regelmäßigkeit wichtig. Also es reicht nicht, wenn man sich so etwas einmal im Monat vornimmt.

Es geht bei all dem auch nicht nur um uns selbst, sondern darum, was wir schenken möchten. Wie möchten wir in Kontakt sein mit anderen Menschen? Wie möchten wir auf andere Menschen eingehen? Was haben wir zu geben? Das sind wichtige Fragen. Und es ist schön, wenn man sich dafür regelmäßig Zeit nimmt.

Das Wichtigste für den Weg

RS: Ich möchte zur Schlussfrage überleiten. Stell dir vor, dass wir auf unserem Weg der Berufung einen Rucksack mitnehmen, in den wir hineinpacken, was das Wichtigste für unsere Reise ist. Was nimmst du mit?

NS: Was mir spontan einfällt, ist bestimmt eine gesunde und große Portion Neugier und Offenheit. Dass wir einmal schauen, was bietet das Leben, was will es uns zeigen. Und dass wir uns auch auf diese Möglichkeiten einlassen.

Dann finde ich wichtig, immer wieder etwas Neues auszuprobieren, wie ich vorhin schon sagte. Das kann bedeuten, dass man sich beispielsweise inspirieren lässt von Menschen, die einen etwas anderen Lebensweg gehen, dass man Diskussionen führt, dass man sich nicht immer nur mit denselben Menschen trifft, sondern neue kennenlernt. Es kann auch sein, dass man spannende Biographien liest und sich davon anregen lässt und sieht, es muss nicht immer alles so sein, wie es jetzt gerade ist.

Es gehört natürlich auch viel Mut dazu, das ist mir bewusst. Aber ich glaube, der Mut wird belohnt, wenn man sich einfach auch hingibt und schaut, was das Leben einem für Geschenke bringt, diese dann anschaut und auch konkret umsetzt in seinem Alltag.

Und natürlich immer auch die Verbindung zu sich selbst zu pflegen. Das ist glaube ich das A und O. Die Achtsamkeit.

RS: Nicole, herzlichen Dank für das Gespräch.

Nicole Stadler

 Nicole Stadler begleitet private und Firmenkunden auf ihrem Weg, im Arbeits- und Privatleben besser mit den vorhandenen Energieressourcen umzugehen (körperlich, mental, emotional sowie auf der Sinn-Ebene). Sie verfügt über einen Master-Abschluss an der philosophischen Fakultät der Universität Zürich und hat während zehn Jahren in Human Resources sowie Journalismus vielfältige Erfahrungen gesammelt. Nicole ist vom größten europäischen Coachingverband ECA zertifiziert. Das neueste Projekt von ihr lautet *echt berührt*.

www.nicolestadler.com

www.echtberührt.ch

3 Der Raum des Nichtwissens ist der Ort, wo das Neue entsteht

Die meisten Menschen, die zu mir ins Coaching kommen, wünschen sich Klarheit. Schon lange haben sie sich im Kreis bewegt und kommen alleine nicht weiter. Es ist ein wichtiger Schritt, dann Hilfe in Anspruch zu nehmen. Und doch ist das kein Zeichen, dass wir irgendetwas falsch machen.

In einer Phase, wo das Alte nicht mehr trägt und das Neue noch nicht da ist, gehört das Unklare, Verschwommene, Nicht-Greifbare dazu. Es ist eine Zeit, in der wir uns unsicher fühlen. Wir sind verwirrt, ratlos, innerlich zerrissen. In uns tobt ein wildes Hin-und-Her. Unsere bisherigen Begriffe passen nicht mehr. Es fällt uns schwer, überhaupt zu beschreiben, was los ist mit uns.

Es hat wenig Sinn, uns dagegen zu wehren. So wird die Frage ganz essentiell, wie wir lernen, mit dem Nichtwissen umzugehen, das ein anderes, ein erweitertes Wissen ist. Was ist der Sinn meines Lebens? Wer bin ich denn eigentlich? Was ist meine Bestimmung? Wenn wir tief in uns hineinspüren, dann wäre vielleicht eine ehrliche Antwort: Ich weiß es nicht. Wie wäre es, dieses *Ich weiß es nicht* als ganz wichtige Kompetenz zu sehen und nicht als Versagen?

Wenn Sie Ihre Gedanken, Ihre Gefühle und Ihre körperlichen Empfindungen wahrnehmen und verbinden, dann wird eine neue Art von Wissen möglich. Es öffnet sich ein Raum für etwas ganz Neues. Etwas formt sich frisch im Moment.

Ich bin davon überzeugt, dass wir diese neue Art des Denkens brauchen: als Einzelne und gemeinsam. Das rationale Denken ist dabei, aber es ist nicht die ausschließliche Wissensquelle. Oder besser: Wir gebrauchen unsere Rationalität vernünftiger als bisher. Ich mache die Erfahrung, dass es ein intuitives Wissen gibt, das mir zeigt: Du bist auf dem richtigen Weg. Ich gehe soweit, dieses Wissen innere Weisheit zu nennen. Auf sie höre ich, ihr kann ich vertrauen.

Wir kommen dieser Weisheit auf vielfältige Weise auf die Spur: Durch tiefe Reflexion, bei der wir mit uns selbst verbunden sind. Und jenseits der begrifflichen Sprache durch Klang, Meditation, Tanz, die Natur. Wir können lernen, dieses innere Wissen in Worte zu bringen. Es ist gut, wenn wir Zeiten für uns allein haben. Und oft ist die Gegenwart von jemand anderem dabei sehr hilfreich. Oder wir schreiben auf, was in uns vorgeht.

Christine Jung: Die innere Stimme hören lernen und ihr vertrauensvoll folgen

Viele Menschen ringen mit der Frage nach der Berufung, es ist ein langer Prozess. Für Christine Jung ist er sowohl spielerisch als auch konkret. Die Beschäftigung damit soll Freude machen. Das fließt ein in das von ihr entwickelte Wesenskernspiel. Sie selbst hat auf ihrem Weg einige Stationen erlebt, wo sich die Frage danach, was sie wirklich will, für sie gestellt hat. Entscheidend war für sie, auf die innere Stimme zu hören und ihr vertrauensvoll zu folgen. Und kleine, machbare Schritte zu gehen, um das umzusetzen, was sie vom Herzen her wirklich will.

Regina Schlager (RS): Christine, was verstehst du unter Berufung?

Christine Jung (CJ): Ich fange mal ganz sachlich-nüchtern an, dann fällt es mir ein bisschen leichter. Meine Erfahrung zeigt mir über die Jahre hinweg, dass das Thema für jeden anders aussieht. Ich weiß, es gibt Menschen, die stellen diese Frage gar nicht, weil es ihnen klar ist.

Aber ich glaube, das ist wahrscheinlich nur die kleinere Anzahl der Menschen. Die meisten befinden sich in einer langen Auseinandersetzung mit dieser Frage. Für viele beginnt es mit der ersten Berufswahl. Immer mehr Menschen fragen sich im Unterschied zu früher: Wie kann ich eine Arbeit finden, die mich nicht nur in Lohn und Brot bringt, sondern an der ich auch Freude habe?

Dann gibt es viele, die eine Tätigkeit ausüben und lange Spaß an ihr haben. Irgendwann aber stellen sie fest, dass es nicht mehr passt. Das ist mir auch selber so gegangen.

Wer bin ich? Was will ich? Wie will ich sein in dieser Welt?

Wenn ich versuche, den Kern zu formulieren, dann hat Berufung damit zu tun, dass man fragt: Was ist mein Ding? Wo bin ich im Flow, anders gesagt, wo fällt es mir leicht, wo bin ich ohne Anstrengung, wo ist es wie selbstverständlich? Freude spielt dabei eine ganz große Rolle.

Für mich hat es mit einem Prozess zu tun. Wir finden nicht alle Antworten auf einen Schlag, aber es ist gut und wichtig, sich darauf einzulassen und immer weiter zu fragen und hinzuspüren: Wer bin ich? Was will ich? Wie will ich sein in dieser Welt?

RS: Ich höre bei dem, was du sagst, dass es ein sehr individuelles Thema ist. Ich kenne ebenfalls Menschen, die schon sehr früh gewusst haben, was sie mit ihrem Leben anfangen wollen. Meine Erfahrung ist, dass das einschüchternd wirken kann: Andere wissen bereits als Kind, dass sie Arzt oder Pilotin werden wollen und selbst habe ich vielleicht mit 40 noch keine Ahnung, wo es lang geht. Viele haben da das Gefühl, dass sie auf der Suche sind und diese Suche irgendwie nie endet.

CJ: Mich hat das auch immer eingeschüchtert. Ich war immer beeindruckt von den Leuten, die das schon früh so genau wussten. Sie wurden schnell als Norm hingestellt. Ich glaube aber, für die Mehrheit ist es nicht so einfach. Es ist ein Ringen mit dieser Frage. Es ist wichtig zu wissen, dass es anderen auch so geht.

RS: Wie hat denn das bei dir ausgeschaut? Wenn du so zurückblickst auf dein Leben, wann hat das angefangen, dass die Berufung überhaupt ein Thema wurde?

Mit 12 war der Berufswunsch glasklar

CJ: Ich hatte heute in der Früh ein Aha-Erlebnis. Als ich ein Interview der Konferenzwoche anhörte, ist mir bewusst geworden, dass mich das Thema Berufung schon mein ganzes Leben begleitet.

Ich wuchs in einem frommen Elternhaus auf. Da stand die Berufung, die Gott ausspricht, sehr im Mittelpunkt. Heute sehe ich es so, dass das viel mit Fremdbestimmung zu tun hatte. Es ging also nicht darum, was ich will, sondern da war jemand, der wusste besser als ich, was gut für mich ist. Ich sollte herauszukriegen, was das ist. Indem ich ordentlich bete und mache und tue. Und wenn ich diesen Ruf dann höre, dann sollte ich ihn umsetzen, ohne zu fragen, wie es mir eigentlich dabei geht.

Ich möchte in Bezug auf Religion niemandem auf die Füße treten, ich erzähle das so, wie ich es erlebt habe. Für mich war schrecklich, dass mein Ruf lauten könnte, nach Afrika zu gehen und dort zu missionieren. Als Kind war für mich dieser Kontinent mit Schlangen verbunden, und vor denen hatte ich panische Angst.

Im Alter von elf Jahren stellte ich mir bereits die Frage, was ich einmal beruflich machen will. Mit 12 war mir dann auf einmal glasklar, dass ich Krankenschwester werden will. Es gab in meiner Pubertät einmal eine kurze Phase, in der ich darüber nachdachte, dass ich doch gerne studieren würde. Das hat sich dann aber wieder schnell gelegt, weil ich in meinem Elternhaus hier keine Unterstützung erhielt.

Plötzlich passte es nicht mehr

So wurde ich Krankenschwester. Das war ein Beruf, den ich mit großer Liebe und Leidenschaft ganz lange ausübte, mit einer kurzen Unterbrechung durch die Familienpause. Nach circa 20 Jahren kam ich allerdings an einen Punkt, an dem ich merkte: Das passt nicht mehr. Und das war schwierig, weil ich überhaupt nicht darauf vorbereitet war, mir diese Frage stellen zu müssen.

In meinem damaligen Umfeld war es nicht üblich, auf die Idee zu kommen, als Frau den Beruf zu wechseln. Da war mehr so das Denken, dass man durchzieht, was man einmal gelernt hat.

Und ich hatte ja Spaß gehabt an meinem Beruf. Es verwirrte mich, was da plötzlich los war. Ich stand erst mal da und wusste überhaupt nicht, was ich jetzt weiter machen will. Dann passierte etwas Spannendes. Ich traf eine Frau, die mir von einem weiterbildenden Studium erzählte, ein Frauenstudium in Dortmund, das man auch ohne Abitur absolvieren kann. Ich reagierte unheimlich stark darauf, fühlte mich total angezogen: Ich könnte mir doch noch meinen Traum vom Studieren erfüllen!

Das hat mich nicht mehr losgelassen. Gleichzeitig war es auch total angstbesetzt. Ich hatte drei Kinder, die waren damals im Alter von neun bis 12 Jahren. Mein Mann war voll berufstätig, wir hatten ein Haus zu versorgen, die Entfernung zur Uni war groß. Ich dachte mir: Wie soll das alles gehen?

Doch das hat einfach nicht locker gelassen. Die Anmeldefrist war schon verstrichen. Dann gab es aber doch noch freie Plätze. Da war plötzlich klar für mich, dass ich es einfach anfange. Ich bin dann in dieses Studium hineingegangen, und es war der totale Wow-Effekt. Ich merkte, dass ich das kann und es mir enormen Spaß macht.

Im Zuge dieser Ausbildung erfuhr ich dann von der Möglichkeit, in ein reguläres Studium zu kommen. Da spielte sich dann ungefähr das Gleiche in mir ab wie zuvor. Ich hatte wieder mit Ängsten zu kämpfen, die Rahmenbedingungen stellten sich nicht ideal dar. Ich habe einfach einen wunderbaren Ehemann, der mich enorm unterstützt. Und es gab ein paar wenige Leute in meinem Umfeld, die mir sagten: Versuch es! Da bin ich diesen Weg dann weitergegangen und habe das Studium als Diplompädagogin 2006 abgeschlossen.

Ich mache mich selbständig!

Und da war sie wieder, die Frage: Was jetzt? Ich hatte diesen völlig verrückten Gedanken, mich selbständig zu machen, und ich wusste gar nicht womit. Dann ging es wieder von vorne los: Hinhören und hinspüren. Ganz wichtig war es auch, in Kontakt mit Menschen treten. So bin ich in meine erste Honorarstelle hineingeraten. Ich begleitete Hartz-IV-Empfänger bei der Bewerbung.

Es ging eigentlich noch weiter, ich mache hier aber mal einen Schnitt. Das war so der große Bogen, der mich letztendlich zu dem geführt hat, was der Anfang war für die heutige Entwicklung.

RS: Du hast erzählt, dass du, als du Krankenschwester warst, plötzlich gespürt hast, das passt nicht mehr. Wie war es dir möglich, das überhaupt wahrzunehmen? Hast du da bestimmte Methoden für dich entwickelt?

CJ: Ich glaube, das hängt ein wenig mit meiner frommen Vergangenheit zusammen. Es war klar, dass Gott im Stillen spricht und nicht im Lauten. Das war sicherlich eine gute Schule. Mir wird jetzt beim Erzählen zunehmend deutlich, wie alt die Wurzeln schon sind. Später bin ich ins Hadern gekommen mit dieser Sicht des christlichen Glaubens. Das Ringen mit der Frage, wer ich denn eigentlich bin, ist allerdings geblieben. In meinem Umfeld gab es dafür relativ wenige Vorbilder. Das war ein ganz starker Antrieb aus mir selbst heraus.

In meinem Beruf als Krankenschwester hat es ab einem gewissen Zeitpunkt an einfach nicht mehr funktioniert. Mir ist ein Fehler unterlaufen, ich bin unschön ausgeschieden. Es war sehr lange schambesetzt, das auch öffentlich zuzugeben. Es hat noch Jahre gedauert zu akzeptieren, dass meine Berufung als Krankenschwester zu Ende war.

Etwas Neues wollte sich zeigen. Etwas Anderes, das auch in mir war, wollte ins Leben. Heute, mit all der Erfahrung, die ich inzwischen gesammelt habe, finde ich das vollkommen irre. Ich kann es nicht anders sagen. Irre. Was aus einem Leben entstehen kann, von dem man an einem bestimmten Punkt denkt, es läuft eigentlich alles gar nicht. Ich weiß, dass es Lösungen gibt, dass es sich lohnt, dieser feinen, stillen Stimme in mir Raum zu geben, weil sie einen untrüglich auf den eigenen Weg bringt.

Aus der Rückschau sehe ich heute ganz deutlich – vor zehn Jahren hätte ich das niemals so sagen können –, dass es sich lohnt, Zeit zu investieren, die Sprache dieser inneren Stimme zu lernen. Sie beinhaltet eine ungeheure Weisheit und eine Quelle großen Glücks.

Mit den Ängsten umgehen

RS: Du hast auf die Ängste hingewiesen, die aufgetaucht sind. Das sind dann ja nicht unbedingt nur die leisen Stimmen, sondern die können ziemlich laut und heftig sein. Wie begleitest du heute Menschen in Transformationsphasen dabei, mit diesen Ängsten umzugehen?

CJ: Mir scheint das Wichtigste zu sein, den Menschen, die zu mir kommen, mit der wertschätzenden Haltung zu begegnen, dass es in Ordnung ist, wie es ist. An der Stelle deines Lebens, mit dem, was dich dazu gemacht hat, lass uns einmal auf die Dinge gucken, die dich beschäftigen. Ich weiß aus meiner eigenen Erfahrung, welche Sortimente an Glaubenssätzen ein Mensch so mit sich bringen kann. Wir sagen uns damit vor allem, was nicht funktioniert. Ich lade die Menschen ein, einen kleinen Schritt zurückzutreten und zu schauen, wofür diese Glaubenssätze eigentlich stehen.

Den eigenen Wesenskern spielerisch entdecken

RS: Ich möchte gerne hinüberschwenken zum Wesenskernspiel. Mich interessiert sehr, wie es dazu gekommen ist. Warum eigentlich ein Spiel? Vielleicht magst du davor auch kurz schildern, was das für ein Spiel ist.

CJ: Das Wesenskernspiel ist tatsächlich ein Spiel auf einem Spielfeld, mit drei Spielrunden. Es geht darum herauszufinden, was Menschen wirklich interessiert, was sie von Herzen gerne machen und was darin der Kern der Motivation ist.

Das Spiel habe ich geschaffen als Grundlagenspiel für Menschen, die sich die Frage stellen, was sie wirklich, wirklich wollen. Mit dieser Basis kann man überlegen, wo die Reise hingeht. Die Spielrunden sind so konzipiert, dass es einen ganz leichten Einstieg mit einer ersten Runde gibt. Das funktioniert wirklich für jeden. In der zweiten Spielrunde geht es darum, ganz sachlich die Tätigkeiten im eigenen Leben, privat als auch beruflich, von der Kindheit an bis heute zu identifizieren, die man gerne gemacht hat. Was hat dich einmal interessiert, was interessiert dich heute noch? In der dritten Spielrunde werden dann alle Tätigkeiten daraufhin befragt, was der Kern der Motivation ist. Was ist daran so toll, Gitarre zu spielen? Was treibt dich an, Stürmer in einer Fußballmannschaft zu sein?

Was will ich wirklich, wirklich

Jetzt komme ich dazu, warum ich das Spiel entwickelt habe. 2007 lernte ich auf dem Kirchentag einen Philosophen kennen, Frithjof Bergmann. Er formulierte die Frage nach dem wirklich, wirklich Wollen als eine der zwei zentralen Fragen, die Menschen in ihrem Leben mit sich tragen. Die andere vernachlässige ich hier jetzt einmal.

Damals saß ich da als Dozentin für Hartz-IV-Empfänger und -Empfängerinnen und war unglaublich inspiriert. Ich fragte mich: Wie geht das? Wie macht man das? Wie findet man denn heraus, was man wirklich, wirklich will? Das Thema hat mich nicht mehr losgelassen. Irgendwann war mir dann klar, dass die Beschäftigung mit sich selber Freude machen soll. Das ist doch etwas Tolles zu sehen, was man alles kann. Herauszufinden, was einen motiviert. Das soll Spaß machen.

Und was ist besser dafür geeignet, als das in ein Spiel zu bringen? Wer sich ein bisschen mit Spieltheorie beschäftigt, der weiß, dass das Spiel das Mittel schlechthin ist, sich ganz ernsthaft mit grundlegenden Dingen des Lebens auseinanderzusetzen. Spielend entwickeln wir uns weiter. Das war der Grund für mich zu sagen: Raus aus diesem Angestrengten, hinein in das, was Freude macht.

RS: Was mir dabei so gut gefällt, ist, dass es tatsächlich ein Brettspiel ist. Da gibt es Kärtchen, die man anfassen, legen und verschieben kann. Da sind leuchtende Farben, vor allem dieses auffällige Grün. Das Spiel spricht also mehrere Sinne an. Ich glaube, es ist wichtig, die Hände einzubeziehen, den Tastsinn. Ich habe da tatsächlich etwas in der Hand, es ist einfach eine zusätzliche Dimension.

CJ: Ich begreife es, ja.

Die eigene Sprache finden

RS: Hast du aus deiner Coachingpraxis ein Beispiel, welche Wirkung das auf einen Menschen hatte? Gibt es da etwas, das du teilen möchtest?

CJ: Ich habe das Spiel inzwischen mit vielen Leuten gespielt, mit ganz unterschiedlichem Hintergrund und ganz unterschiedlichen Altersklassen. Die Ergebnisse aus der zweiten und dritten Spielrunde sind auf Kärtchen aufgeschrieben. Sie halten ihre Ergebnisse darauf mit ihren eigenen Worten fest. Die Leute nehmen sich diese Kärtchen immer wieder vor. Es hilft ihnen, sich mit sich selbst zu verbinden. Das stärkt. Ich weiß zum Beispiel von einem jungen Mann, der die Kärtchen rausholt, wenn er vor Entscheidungen steht.

RS: Das geht also über das Thema Berufung und Neuorientierung hinaus. Hat es weitere Anwendungsmöglichkeiten?

CJ: Man kann es auch gut in Teams einsetzen, wenn es darum geht zu fragen: Sitzen wir eigentlich auf den richtigen Stellen, tun wir das Richtige, sind wir mit Freude in unserem Tun? Was motiviert den Einzelnen und was ist unsere gemeinsame Motivation als Team? Auf dem aufbauend kann man auf verschiedenste Bereiche schauen, zum Beispiel auf die Kommunikation oder auf das Gesundheitsverhalten.

Einen guten Anfang finden

RS: Ich möchte noch gerne auf ein Buch von dir zu sprechen kommen mit dem Titel »Gute Anfänge finden«. Bei den Menschen, die zu mir ins Coaching kommen, erlebe ich immer wieder, dass jemand herausfindet, welchen Schritt er setzen will, es dann aber schwer fällt, ihn auch tatsächlich zu tun. Und ich kenne das von mir selbst auch sehr gut. Was ist denn ein Tipp von dir, wie man in einer solchen Situation vorgehen kann?

CJ: Das war der Grund, warum ich dieses kleine Workbook zusammen mit einer Künstlerin geschaffen habe. Irgendwann ist man wieder alleine zuhause und muss selbständig weiterarbeiten. Da ist es gut, so einen täglichen Begleiter zu haben. Er hilft mit Tipps und Vorschlägen, wie man an seinem Projekt dran bleibt.

Und es gibt auch eine Hängematte. Die symbolisiert, dass man zu sich sagen darf: Heute mache ich nichts. Der Trick dabei ist: Ich nehme mir das Büchlein trotzdem jeden Tag vor. Früher oder später kommt der Punkt, wo ich denke, jetzt habe ich genug Hängematte gemacht, jetzt arbeite ich weiter.

RS: Das ist dann also eine ganz bewusste Entscheidung: So jetzt Hängematte, ich gönne mir eine Pause. Im Gegensatz dazu, sich einfach nur so treiben zu lassen. Das kann auch mal sehr schön sein, aber auf diese Weise lenkt man seine Aufmerksamkeit. Dann kann man die Entscheidung zum Nichtstun ohne Schuldgefühle fällen.

CJ: Das bewusste Entscheiden ist das Wichtige daran. Ein weiterer wichtiger Tipp ist, dass es zur Gewohnheit wird. Wir kriegen die Sachen nur umgesetzt, wenn wir sie uns buchstäblich angewöhnen. Man ist gewöhnlich ganz schnell euphorisiert, stürzt los, und es ist eine menschliche Erfahrung, dass oft Ernüchterung kommt. Wir können nicht auf Dauer auf so einem High-Level leben. Da muss es kleine, pragmatische, machbare Schritte geben, die wir regelmäßig tun – damit wir im Tun bleiben und das umsetzen, was wir vom Herzen her wirklich wollen und was uns doch eigentlich so klar ist.

RS: Das Pragmatische hat seinen Platz, und das Spielerische. Das scheint mir jetzt eine fruchtbare Verbindung einzugehen.

CJ: Ja. Das ist mir ganz wichtig.

Das Wichtigste für unseren Weg

RS: Christine, ich komme jetzt zur Schlussfrage. Stell dir vor, wir nehmen auf unserem Weg der Berufung alle einen Rucksack mit und packen das Wichtigste hinein, das wir auf der Reise brauchen. Was würdest du in den Rucksack packen?

CJ: Mutig sein, trotz aller Angst. Es ist eine Entscheidung weiterzugehen.

Auf die innere Stimme hören. Sich Zeit dafür nehmen zu erkennen, wie sie mit mir spricht.

Sich Unterstützung holen. In der Regel klappt es alleine auf Dauer nicht.

Sprechen und vielleicht auch aufschreiben. Aufs Papier bringen und immer wieder mal lesen.

Immer wieder schauen, wo bin ich mit Freude dabei? Wo fließt es einfach? Dafür einen Blick entwickeln.

Unser Gespräch hat mir nochmals so schön vor Augen geführt, dass ich meinen Job liebe und welche Freude das ist, dass ich das alles tun darf. Und dass es ein schönes Interview war. Es hat mir Freude gemacht.

RS: Auch mir. Christine, herzlichen Dank für das Gespräch.

Christine Jung

Christine Jung ist seit 2007 selbständig tätig und arbeitet als Diplom-Pädagogin und Coach in eigener Praxis. Sie hilft Menschen dabei herauszufinden, was sie wirklich, wirklich wollen. Das Ziel ist, dies mittels einer Visionsentwicklung pragmatisch und zu dem eigenen Leben passend umzusetzen. Dafür verwendet sie das von ihr entwickelte Wesenskernspiel®, das es auch als Version für Teams gibt. Als Dozentin bietet sie Workshops und Seminare zur Persönlichkeitsentwicklung an. Ihr Motto: Lösungen wertschätzend, unterhaltsam und passgenau vermitteln.

www.frei-raeume.info

www.wesenskernspiel.de

Dorit Schmidt-Purrmann: Unseren individuellen Ton entdecken

Der Klang macht uns ein Wissen zugänglich, das jenseits der Worte wohnt. Durch Klang entdecken und entwickeln wir unsere Essenz, unseren individuellen Ton. Wir merken, dass wir auf unserem Weg sind, wenn wir Resonanz erzeugen. Dann fühlt es sich unangestrengt und leicht an. Oft lassen sich Erfahrungen und Talente, die zunächst wie getrennt voneinander erscheinen, zu einer stimmigen Einheit verbinden. Dabei hilft uns immer wieder ein Gegenüber, das uns die Außenperspektive ermöglicht.

Regina Schlager (RS): Dorit, was verstehst du unter Berufung?

Dorit Schmidt-Purrmann (DS): Diese Frage habe ich eine Weile mit mir herumgetragen. Ich habe festgestellt, dass es letzten Endes für sich spricht, wenn jemand seine Berufung lebt. Ich habe dann nämlich Zugang zu meiner Essenz und strahle mit dem, was ich tue, eine enorme Freude und Begeisterung aus. Das hat eine ansteckende Wirkung. Es zieht Menschen an, vor allem die, die man gerne in seinem Umfeld oder auch als Kunden haben möchte. Für mich hat das auch etwas sehr Authentisches, so ein Mensch kommt dann glaubwürdig für mich rüber. Und das ist genau das, wie ich die Berufung verstehe.

Ich merke es selbst immer dann, wenn ich mich nach meiner Arbeit, auch wenn sie sehr intensiv ist, nicht ausgelaugt fühle, sondern ganz im Gegenteil inspiriert und voller Freude. Ich bin dann vielleicht müde, aber auf eine gute Art.

RS: Vor unserem Gespräch habe ich mir Zeit genommen, um anzukommen und mich darauf einzustimmen. Ich habe die Klangreise verwendet, die du auf deiner Webseite als Kostprobe anbietest. Du verwendest in dem Audio die Worte »wohlig« und »konzentriert«. Und genau das hat sich in mir ausgebreitet. Es war einerseits eine sehr sanfte, aber gleichzeitig auch eine sehr starke Empfindung. So etwas wie eine belebte Ruhe. Der Klang hatte dabei eine ganz eindrückliche Wirkung. Es ist etwas anderes, als so eine Übung still zu machen.

Der Klang hilft, zur eigenen Essenz zurückzufinden

DS: Es mag für die eine oder den anderen schon abgegriffen klingen, doch ich gehe davon aus, dass alles um uns herum Schwingung ist, so wie wir selbst auch. Wissenschaftler können heute messen, was die Weisen früherer Zeiten geahnt haben. Das Universum klingt, vom kleinsten Staubkorn bis zum mächtigsten Stern.

Der Klang ist wahrscheinlich eine der unmittelbarsten Formen, Schwingung auszudrücken. Natürlich gibt es noch viele andere, beispielsweise die Lichtwellen. Das hat etwas sehr Ursprüngliches. Deshalb hilft der Klang, wieder zu seiner eigenen Essenz zurückzufinden. Die persönliche Essenz ist meiner Meinung nach die Quelle dafür, seine Berufung im ersten Schritt überhaupt erst zu finden und im zweiten Schritt dann auch zu (er)leben. Der Klang gehört zum Ursprung des Daseins. Er ist permanent da, letztlich auch in der Stille. Das beschreibt vielleicht ein wenig, warum er eine solche Wirkung hat.

Jeder Mensch hat seinen individuellen Ton

RS: Du hast von der persönlichen Essenz gesprochen und davon, dass alles in Schwingung ist. Für mich stellt sich jetzt die Frage: Hat jeder Mensch seine eigene Schwingung?

DS: Das glaube ich ganz sicher. Wir alle sind in dieser Zusammensetzung nur einmal auf der Welt. Ich bin absolut davon überzeugt, dass wir alle auch wirklich unseren ganz eigenen, ganz individuellen Ton haben. Das ist auch etwas, was ich im Kontext einer Klangschalentherapie herauszufinden versuche, um diesen Menschen, mit dem ich arbeite, zu unterstützen.

RS: Lässt sich der eigene, individuelle Ton auch verändern? Kommt es vor, dass er als nicht mehr passend wahrgenommen wird?

DS: Das ist eine gute Frage. Ich würde es einmal anders ausdrücken. Ich denke, in dem Moment, wo wir Dissonanzen haben und damit automatisch unser eigener, ursprünglicher Ton überlagert oder gestört wird, können wir unsere Berufung nicht leben. Oft fehlt uns dann der Mut dazu. Erst wenn wir uns mit dem verbinden, was unser Kern ist, dann stimmt auch der Ton.

Ich kann unterstützen, Dissonanzen aufzulösen und peu à peu wieder Einklang bzw. energievollen Zusammenklang zu erzeugen. Das ist ein Prozess, und aus meiner Erfahrung weiß ich, dass es möglich ist.

»Fang wieder an Musik zu machen, das gehört zu dir!«

RS: In deinem Leben spielt der Klang eine große Rolle. Du bist Musikerin und jetzt auch Klangtherapeutin. Wie hat sich denn der Weg hin zur Klangtherapie für dich gestaltet?

DS: Mit dem Klang bin ich seit meiner Kindheit verbunden. Die Musik begleitete mich schon früh. Irgendwann kam dann der Impuls, selbst Klavier spielen zu wollen. Ich entwickelte große Freude daran, es hat sich massiv ausgebreitet in meinem Leben und ist so weit gegangen, dass der Wunsch in mir heranreifte, Musik zu studieren. Letztlich ist Musikwissenschaft daraus geworden.

Der Wunsch war so groß, dass ich Widerstände überwand. Da war die große Sorge aus meinem Verwandtenkreis und von Seiten meiner Eltern: Das Kind wird brotlose Künstlerin! Ich studierte aus der Liebe dazu und überhaupt nicht unter der Berücksichtigung, was ich nachher damit mache.

Irgendwann im Laufe des Studiums fragte ich mich natürlich, was ich damit anfangen will. Wenn du Musikwissenschaft studierst, kannst du entweder in eine Musikalienhandlung oder eine Musikbibliothek gehen oder du wirst Journalistin. Das war mir bewusst. Journalismus war für mich damals ganz undenkbar und kam mir gar nicht in den Sinn, obwohl ich heute in einem Beruf arbeite, der stark daran angelehnt ist. Erst später stellte ich fest, dass ich eine hohe Affinität zur Sprache habe und gerne mit dem Werkstoff Text arbeite. So ging ich in die Richtung, die heute nach wie vor mein Kerngeschäft ausmacht. Zunächst war es noch eher die Werbung.

Erst nach einiger Zeit formte sich dann die Richtung Public Relations heraus. Es stand zunächst das berufliche Fortkommen im Vordergrund. Die Kehrseite davon war, dass die Musik für mehr als 15 Jahre hinunter gefallen ist. Glücklicherweise geriet ich durch eine Begegnung im Kontext von Seminaren an den richtigen Seminarleiter, der mir klipp und klar auf den Kopf zusagte: Fang wieder an Musik zu machen. Das gehört zu dir. Du verleugnest sonst einen Teil von dir.

Klangschalentherapeutin aus purer Freude heraus

Zu diesem Zeitpunkt merkte ich, dass ich gerne wieder mit der Musik beginnen möchte, ich wusste nur nicht so recht wie. Doch dann habe ich einfach gestartet, und das ist jetzt gute zehn Jahre her. Ich bin sehr froh, dass ich das gemacht habe. Aus dem heraus ergaben sich alle weiteren Dinge.

Vor drei Jahren entdeckte ich die Klangschalen. Ich entwickelte einen ungemeinen Wissensdurst: Wie gehe ich damit eigentlich um? Wie muss ich sie anschlagen? Was kann ich damit bewirken? Auf einem Informationstag traf ich die Entscheidung, die Ausbildung zur Klangschalentherapeutin zu machen. Das tat ich dann auch. Anfang April 2015 begann ich, neben meinem Kerngeschäft als PR- und Kommunikationsberaterin aus purer Freude daran auch als Klangschalentherapeutin zu arbeiten. Es passiert ohne Anstrengung, es entwickelt sich ohne Anstrengung weiter. Und damit kommen wir wieder zum Thema Berufung. Das bedeutet für mich Berufung: Wenn es leicht ist.

RS: Kannst du vielleicht noch ein anonymisiertes Beispiel nennen von jemandem, der zu dir in die Klangschalentherapie gekommen ist, damit das ein wenig anschaulicher wird? Wie hast du mit ihm oder ihr gearbeitet?

DS: Das kann ich gerne machen. Meistens ist es so, dass zunächst körperliche Beschwerden wie etwa Asthma, Verspannungen oder Gelenksschmerzen im Vordergrund stehen. In den meisten Fällen liegt auch ein mentales oder psychisches Thema dahinter, mit dem sich dieser Mensch gerade beschäftigt.

Zunächst führe ich ein kurzes Vorgespräch, frage nach akuten Beschwerden und erkläre, wie ich bei der Erstbehandlung vorgehe. Zum Einsteigen wähle ich zunächst einmal einen Behandlungszyklus, in welchem ich Schalen kombiniere, die eine sanfte Wirkung haben. Ich muss ja erst einmal herausfinden, wie der jeweilige Mensch auf die Schwingung reagiert.

Bevor ich mit der Behandlung beginne, erkläre ich, was ich im Einzelnen mache, welche Schale ich auf dem Körper aufsetze und auf welcher Stelle. Ich verabrede auch, mir sofort zu signalisieren, wenn etwas unangenehm sein sollte, damit ich das entsprechend anpassen und verändern kann.

Dann gehe ich in die Behandlung hinein, die mindestens eine halbe, aber doch eher eine volle Stunde dauert. Maximal verwende ich 14 Schalen. Ich arbeite mit den Planetenklangschalen in Kombination mit anderen. Es sind auch Schalen dabei, die in der Erdresonanz schwingen oder in der Sonnenresonanz.

Wenn es zum Beispiel um Menschen geht, die mit Tinnitus zu tun haben, dann ist dafür die Planetenschale Merkur sehr gut geeignet. Die muss sehr achtsam und mit Bedacht eingesetzt werden, hat aber nachgewiesenermaßen eine sehr gute Wirkung. Wenn ein Mensch gerade in einer starken Belastungsphase ist und extrem viele Dinge parallel zu bewältigen hat, dann ist die Sonnenschale geeignet. Sie fördert die innere Sammlung.

RS: Ich durfte bei dir eine Schnupperstunde ausprobieren. Es war zu der Zeit, als ich gerade die Berufungskonferenz vorbereitete. Es hat sich viel getan in mir und es war auch im Außen viel zu erledigen. Sehr eindrücklich war für mich, wie riesig manche der Schalen sind.

Nach der halben Stunde ging ich aus deiner Praxis hinaus, nahm die Bäume wahr und ein ganz sanftes Rascheln der Blätter, sah Pferde auf einem Grundstück gegenüber, es war eine besondere Stimmung. Ich war ganz wach, ganz da, ganz aufmerksam. Ich fühlte mich auch tief berührt. Es war, als würde ich die Welt mit frischen Augen sehen. Ich fühlte mich verbunden. Ich spürte auch etwas Bestärkendes, eine

Zuversicht, die mir zeigte: Du bist wirklich auf deinem Weg. Es hatte etwas von Daheimsein. Insgesamt etwas Subtiles und zugleich sehr Kraftvolles. So ging ich zur Busstation. Wie ich das jetzt so erzähle, ist es ganz lebendig für mich.

DS: Ganz herzlichen Dank für diese Rückmeldung. Um das Bild abzurunden, sage ich noch welche Klangschalenbehandlung das bei dir war: Es handelte sich um den Zyklus »Liebe, Licht und Kraft«. Den verwende ich viel in der ersten Behandlung. Du hast interessanterweise viel von dem erzählt, wofür diese Behandlung steht.

Es hat etwas sehr Einhüllendes. Es zündet dein inneres Licht an, bestärkt es, bringt es noch heller zum Strahlen. Es hilft dir aber möglicherweise auch, mit einem anderen Blick auf die Dinge zu schauen, die Perspektive zu wechseln. Es fördert auf jeden Fall das Vertrauen und die Liebe zu sich selbst. Das ist die Intention von dieser Kombination der Schalen. Und ich freue mich sehr, dass es bei dir auch so angekommen ist.

Ich sorge für stimmige Resonanz

RS: Du führst zwei Unternehmen. Irgendwie habe ich das Bild, dass die Kommunikationsberatung eher das traditionelle Business darstellt, die Klangschalentherapie wiederum etwas, das womöglich Berührungsängste in dieser Business-Welt auslöst. Es sind zwei Welten mit einer jeweils eigenen Sprache. Wie kommt das für dich zusammen? Wie geht es dir damit?

DS: Das ist spannend, dass du das ansprichst. Ich sehe einen ganz großen gemeinsamen Nenner. Ich habe es in beiden Fällen damit zu tun, Resonanz zu erzeugen. Das macht es mir möglich, meine Leidenschaft der Musik zu leben, die sich auch in der Arbeit mit den Klangschalen ausdrückt. Es ist aber genauso das Thema in Public Relations und Kommunikation.

Das steht sich überhaupt nicht im Weg, ganz im Gegenteil. Meine Aufmerksamkeit, wie ich Worte verwende, hat sich noch sensibilisiert durch den bewussteren Umgang mit Klang. Und die Klangschalenarbeit betrachte ich auch unter dem unternehmerischen Aspekt, damit es Früchte trägt. Es braucht auch das Marketingdenken.

RS: Das klingt für mich wirklich danach, dass die zwei Welten eine schöne Verbindung eingehen und für dich eine Einheit bilden.

DS: Das ist so. Du hast auch die Berührungsängste angesprochen, die in der Businesswelt bei den einen oder anderen im Zusammenhang mit den Klangschalen vorhanden sein könnten. Ja, das entspricht meiner Erfahrung. Es hat deswegen einen gewissen Mut gebraucht, um das einzubeziehen. Wenn mich heute jemand fragt, was ich mache, dann nenne ich beides. Das heißt, ich fange damit an, dass ich den Leuten sage: Ich sorge für stimmige Resonanz. Daraus ergibt sich automatisch die Frage: Was heißt das im Klartext? Dann bringe ich beides ins Spiel.

Ich bin überzeugt davon, dass es von dir abhängt, wie selbstverständlich du mit Themen umgehst, wo du das Gefühl hast, dass manche Vorbehalte haben. Dann ist es auch völlig egal, in welches Eck du geschoben wirst, weil das bist einfach du und das kommt auch so rüber. Das entzieht den Zweiflern den Stoff, weil der Boden fehlt, um noch Zweifel anzubringen.

Sich die Außenperspektive hereinholen

RS: Was hat dir denn geholfen, den Mut aufzubringen, mit der Klangarbeit rauszugehen?

DS: Es hört sich vielleicht ein wenig merkwürdig an, aber letztlich hätte ich es nicht aufhalten können. Da war diese treibende Kraft in mir, die war so stark, das musste einfach sein. Ich denke, genau hier liegt auch der Unterschied zwischen dem, was halt dein Beruf ist, oder dem, was du als eine Berufung lebst.

Enorm wichtig waren aber auch einige wirklich gute Coaching-Gespräche, wo ich mir die Außenperspektive hereinholen konnte. Das gab mir die Ermutigung, diese Richtung zu verfolgen, weil das meine Essenz ist.

RS: Es war also auch sehr bedeutsam, in diesem Prozess von anderen Menschen unterstützt zu werden?

DS: Unbedingt. Ich will dir ein anderes Beispiel geben. Ich habe eine klassische Klavierausbildung. Ich habe auch immer sehr gerne gesungen. Als ich vor gut zehn Jahren wieder anfing, Musik zu machen, war für mich klar, dass das Klavier eine gute Basis legt, aber wenn ich als Musikerin aktiv werde, das als Sängerin tun möchte. Es war auch klar, in welche Richtung ich gehen will, nicht klassisch, sondern Jazz, Swing etc.

Ich habe dann einfach angefangen mit der ersten Gesangslehrerin, an die ich mehr oder weniger durch Zufall geraten bin. Zum nächsten Gesangslehrer kam ich über Empfehlung. Er war zu diesem Zeitpunkt genau der richtige Mensch, das hätte nicht besser passen können. Ich hatte das große Glück, Lehrer zu haben, die es schafften, mich dahin zu bringen, meine Potentiale nach und nach zu erschließen, mit einer Balance aus Ermutigung, aber auch konstruktiver Kritik.

RS: Der gute Lehrer oder Coach sieht unsere Potentiale und weckt sie in uns.

DS: Richtig. Ich kann nur ganz dringend empfehlen, sich gute Unterstützung zu suchen, gerade in einem Findungs- und Umorientierungsprozess. Aber auch sonst immer wieder, gerade dann, wenn man das Gefühl hat, super unterwegs zu sein. Du kannst noch so trainiert sein und geübt in Reflexion, du kannst nicht so aus dir heraustreten und dich neben dich stellen, dass du immer alles wahrnimmst. Das geht einfach nicht.

Was es aber auch gebraucht hat, war Geduld und Vertrauen. Gerade beim Singen lernen. Ich habe viel getan, viel geübt – und tue es noch –, ohne das geht es nicht. Und ich hatte immer tief in mir das Vertrauen und das Wissen, dass ich dieses Talent habe und das kann. Ich habe heute stimmlich etwas zur Verfügung, das hätte ich vor zehn

Jahren nicht zu träumen gewagt. Und ich bin noch lange nicht am Ende meines Weges, das weiß ich.

Das Wichtigste für unseren Weg

RS: Dorit, ich möchte zur Schlussfrage überleiten. Stell dir vor, wir nehmen auf unserem Weg der Berufung alle einen Rucksack mit und packen hinein, was das Wichtigste für unsere Reise ist. Was kommt bei dir hinein?

DS: Ganz vorne dran ist für mich der Mut, nämlich dahingehend, sich vom Weg, den man spürt, nicht abbringen zu lassen. Wir gehen unter Umständen keinen konventionellen Weg. Du stößt sicher auf Widerstände, das ist völlig in Ordnung. Das stärkt dich ja, wenn du sie überwindest. Ich betone den Mut auch deshalb so sehr, weil es heute schon etwas populärer geworden ist, seine Berufung zu leben, aber es ist in unserer Gesellschaft – zumindest in meiner Wahrnehmung – bei weitem noch nicht selbstverständlich.

Das andere ist, sich wirklich gute Weggefährten zu suchen. Idealerweise Menschen, die in die Richtung, die du gehen willst, schon ein gutes Stück gegangen sind oder da schon erfolgreich sind. Und sich nach Möglichkeit auch unterstützende Begleiter, Mentoren oder Coaches zu suchen.

Ich erlebe natürlich schon auch immer wieder, dass mir Steine im Weg liegen. Aber das hält nie wirklich lange an. Vielleicht ist das Flämmchen mal ganz kurz klein, ich fühle mich ausgebremst, aber dann geht es schon wieder weiter. Dann schneit plötzlich etwas herein, zum Beispiel eine Anfrage, die mich genau in mein Thema hineinbringt, und alle Ambition ist wieder da. Ich glaube, das ist so, wenn du gefunden hast, was wirklich für dich passt.

RS: Dorit, ganz herzlichen Dank für das Gespräch.

Dorit Schmidt-Purrmann

Dorit Schmidt-Purrmann ist als Musikerin und Kommunikationsexpertin der Kraft und Vielfalt des Klangs eng verbunden. Ihre Ausbildung zur Klangschalentherapeutin absolvierte sie bei Marcel Kocaman (klangschalen.ch), einem der Pioniere auf diesem Gebiet. Mit sieben Jahren begann Dorit Schmidt-Purrmann aus eigenem Impuls Klavier zu spielen, erhielt eine klassische Klavierausbildung und studierte an der Goethe Universität Frankfurt am Main Musikwissenschaft, Philosophie, Theater-, Film- und Fernsehwissenschaft. Später kam eine mehrjährige Gesangsausbildung in den Bereichen Jazz, Swing und Gospel hinzu. Sie konzertiert regelmässig in verschiedenen Formationen. Seit 2000 lebt sie in der Schweiz.

www.klangimpulse.ch

4 Der Mut will seine Stimme finden

Es berührt mich sehr, wie viele Frauen heute aufstehen und für das eintreten, was ihnen wirklich wichtig ist. Von solchen Beispielen zu hören, schenkt vielen Menschen Mut. Das war ein ganz wesentlicher Beweggrund, warum ich die Berufungskonferenz abgehalten habe und die Beiträge nun auch als Buch herausgebe.

Ich glaube, dass das heute die Situation von vielen Frauen ist: Wir tragen bereits große Kraft in uns, wohl viel mehr, als wir uns selbst eingestehen. Die Frage ist nun, wie wir sie zum Ausdruck bringen. Wenn es stimmig ist, dann wird es auf Resonanz stoßen.

In der Zeit meiner Neuorientierung hörte ich in mich hinein und stellte fasziniert fest: Ich spüre ja großen Mut in mir! Und gleichzeitig war etwas in mir noch scheu, sich ganz zu zeigen. Da formte sich als nächster Schritt: Der Mut will seine Stimme finden. Für mich zeigte sich dann Erstaunliches: Der Mut lernte zu sprechen. Das war für mich spürbar. Es hatte ganz entscheidend mit der Standfestigkeit zu tun, die ich entwickelt hatte. Und mit Behutsamkeit. Meine eigene Stimme traute sich heraus. So fing ich beispielsweise an, Blogartikel zu schreiben.

Für mich schließt dieser Mut Verletzlichkeit mit ein: Sich zu zeigen birgt die Gefahr, ausgelacht, heruntergemacht oder vielleicht sogar bedroht zu werden. Das ist wahrscheinlich letztlich das, wovor wir uns am meisten fürchten.

Ich verwende gerne das Wort *Courage*, denn da steckt *cor* drin, was auf Lateinisch *Herz* bedeutet. Es zeigt die Verbindung zu dem, was uns im Tiefsten wichtig ist, wofür wir Sorge tragen und was mehr ist als wir selbst. Aus dem heraus wächst eine bewusste Ausrichtung und große Kraft. Hindernisse auf dem Weg können dann als Tore zu etwas Neuem, ein Scheitern als Lernchance erkannt werden.

Irgendwann nach der Phase der inneren Wandlung ist die Zeit reif, auf die Bühne des Lebens hinauszutreten. Nun sprechen wir unsere

Wahrheit mit der Stimme, die aus unserem tiefen Selbst kommt. Auch wenn das nicht immer einfach ist und keine Garantie dafür, reich und berühmt zu werden, falls das unser Wunsch sein sollte. Wir sind uns treu und erleben das, was wir tun, als sinnvoll. Dadurch strahlen wir etwas aus, mit dem wir andere begeistern und mitnehmen können.

Es gibt heute so viele Möglichkeiten, uns sichtbar zu machen, zum Beispiel durch das Internet und durch Social Media. Dafür können wir uns praktisches Handwerkszeug aneignen.

Alexandra Fingerhuth-von Muralt: Sich auf dem Arbeitsmarkt authentisch präsentieren

Auch wenn wir wissen, was uns wirklich wichtig ist, was wir wollen und was wir zu geben haben, ist es nicht so einfach, uns auf dem Arbeitsmarkt und im Bewerbungsprozess authentisch zu präsentieren. Es braucht Mut und auch konkretes Handwerkszeug für stimmige Bewerbungsunterlagen und einen starken Social Media Auftritt. Alexandra Fingerhuth-von Muralt erzählt in diesem Gespräch auch über eine schwierige Erfahrung, die sie heute als ihre größte Lehrmeisterin sieht.

Regina Schlager (RS): Alexandra, was verstehst du unter Berufung?

Alexandra Fingerhuth-von Muralt (AFvM): Für mich heißt Berufung, meinen eigenen, individuellen, authentischen Weg zu gehen. So simpel das klingt, so schwierig ist das oft.

RS: Du hast eine Broschüre mit dem Titel »Die Kunst, ein guter Bewerber zu sein« herausgegeben. Was ist ein guter Bewerber? Ich frage mich, ob es auch einen bösen gibt? Oder einen schlechten?

AFvM: Das ist eine gute Frage. Für mich ist ein guter Bewerber einer, der weiß, was er will. Diese Frage ist eine Lebensfrage für Menschen in unterschiedlichem Alter und unterschiedlichen Stationen im Leben.

Ich habe in meiner Rekrutierungstätigkeit die Erfahrung gemacht, sowohl in der Linie als auch im Human Resources, dass ich dann gut beurteilen kann, ob eine Person ins Team passt und den Aufgaben gewachsen ist, wenn ich sie fassen kann. Das heißt, dass ich mit der Bewerberin, die zu mir in die Beratung kommt, klar ausarbeite, wo ihre Stärken liegen, die sie bereits mitbringt, und was ihre Passion auch für ihre zukünftige Tätigkeit ausmacht.

RS: Wichtig ist es aus meiner Sicht auch, eine Vision zu haben, zu wissen, was wirklich Sinn für mich macht und was mir wirklich wichtig ist. Und das dann auch auf den Boden zu bringen. Wie lässt man die Stärken, die Passion und die Vision in den Lebenslauf einfließen? Das ist ja durchaus nicht so einfach.

AFvM: Ich denke, es ist ein ganz wichtiger Punkt, eine Vision zu haben und sie auch auf den Boden zu bringen. Ich unterstütze meine Klienten im Prozess. Eine Frage, die ich beim ersten Termin gerne stelle, lautet: Was willst du so den ganzen Tag tun, wenn du Alice im Wunderland bist?

Mein Fokus in der Beratung liegt dann aber darauf, welchen Job jemand machen will. Darunter verstehe ich, womit jemand Geld verdienen will. Als erstes gilt es zu klären, wo der Job ist und wo die Passion. Das ist abhängig davon, wie der Lebensstandard ist oder sein soll. Manchmal gibt es einfach auch falsche Vorstellungen. Viele Leute wollen in die Entwicklungshilfe und damit aber auch gut verdienen. Sie sind sich nicht bewusst, dass dort gut bezahlte Stellen rar sind.

RS: Gibt es für dich auch Beispiele, wo Job und Berufung zusammenfallen? Dass man seine Passion im Job, mit dem man Geld verdient, lebt?

AFvM: Ja, das kann zusammenfallen! Ich würde mal sagen, du Regina und ich haben dieses Glück. Bei mir ist es einfach so, dass ich durch meine Geschichte und wo ich herkomme, einfach viele Menschen anziehe, die aus der Finanzwelt kommen. Die Zürcher Finanzwelt zahlt weltweit ein überdurchschnittliches Gehalt. Da muss man sich einfach klar sein, dass Blumen binden nicht die gleiche Einkommensquelle ist.

RS: Das ist sicher eine sehr individuelle Frage, wie hoch das Einkommen sein soll. Je nach Lebenssituation, Bedürfnissen und Werten. Hier in Zürich sind die Lebenshaltungskosten vergleichsweise sehr hoch, für mich als Österreicherin immer noch ein wenig ein Schock. Was ist darüber hinaus notwendig? Mit Familie zum Beispiel hat man ja nicht nur für sich alleine zu sorgen. Dann spielt noch mit, was einem wichtig ist: Hobbies, Weiterbildung etc. Vielleicht bin ich auch bereit, auf das hohe Gehalt zu verzichten und dafür meiner Passion eine Chance zu geben. Wie sich das dann weiterentwickelt, kann man nicht vorhersagen.

AFvM: Genau. Es ist es ganz wichtig, sich klar zu werden, was man eigentlich will. Man kann dann beispielsweise ganz bewusst entscheiden, 70 Prozent zu arbeiten und daneben auch ein Ehrenamt oder ein gering bezahltes Engagement in sein Leben zu integrieren.

RS: Wie hat das bei dir ausgeschaut? Möchtest du über deinen eigenen Weg erzählen?

AFvM: Sehr gerne. Ich studierte Politikwissenschaften mit Fokus Internationale Beziehungen. Ich fokussierte mich damals auf Terrorismus, meine Doktorarbeit schrieb ich über die Situation in Palästina. Viele meiner Freunde sind zu NGOs und in internationale Organisationen gegangen. Ich entschied mich ganz bewusst dafür, Erfahrungen in der Corporate World zu sammeln.

Als ich 30 wurde, war ich vor die Situation gestellt, die Karriereleiter hinaufzuklettern, verbunden mit viel Geld und einem schönen Auto, oder das zu machen, wo mein Herz lag. Und dann stieß ich in einem Inserat auf die Stelle in Ghana, wo es um die gut bezahlte Leitung eines Malariaprojektes ging. Ich sehe diese Erfahrung als meinen größten Lehrmeister, der mich dahin gebracht hat, wo ich heute bin. Ich war einsam in Afrika. Als weiße Frau wurde ich nicht wirklich ernst genommen, die Arbeit und der ganze Alltag waren hart.

Ein Jahr später kam ich nach Zürich zurück, freiwillig. Nun schätzte ich erst so richtig, was ich hier in Zürich habe. 2012 gründete ich dann mein Unternehmen, war allerdings noch in Anstellung. Ab Mitte Juli 2014 gönnte ich es mir, meine eigene Firma als meine Einkommensquelle einzusetzen. Bisher habe ich es nicht bereut. Ich lerne ganz viele tolle Leute kennen, das Business läuft gut. Es braucht meines Erachtens eine individuelle Beratung für Lebenslauf und Bewerbung, neben den anderen Businessmodellen bei der Personalvermittlung.

RS: Ich habe eine Karte von dir vor mir liegen. Darauf ist ein Schmetterling abgebildet. Das kommt ja auch im Namen deines Unternehmens zum Ausdruck. Auf einem Porträtfoto trägst du eine Kette mit einem Schmetterlings-Anhänger. Was bedeutet denn der Schmetterling für dich?

AFvM: Papillo ist eine Symbiose von dem, was mich in Bewegung gebracht und meinen Weg initiiert hat, mit dem Bild der Metamorphose des Schmetterlings. Wenn die kleine Raupe sich einpuppt und verschanzt, dann meint sie eigentlich, dass sie sterben muss. Dann wacht sie auf und wird eines der schönsten Lebewesen, die es meines Erachtens gibt. Farbenfroh und toll. Das steht sehr für das, wie ich die Welt sehe. Es gibt auch Dunkelheit und Ängste. Man muss bereit sein, sie auszuhalten.

Es geht darum, die richtigen Fragen zu stellen. Das machst du ja auch in deiner Arbeit, Regina. Wo liegt meine Passion? Wo liegt meine Berufung? Wenn man die Antworten noch nicht hat, dann lebt man einfach jeden Tag in die Antworten hinein. Das tönt alles so schön und weise, aber ich wusste 2012, als ich mit meinem Unternehmen startete, ganz einfach, dass es einen Weg gibt.

RS: Was hat dir denn geholfen, durch schwierige Zeiten zu kommen?

AFvM: Ich merkte damals, dass ich die Wahl habe, wie ich mein Leben lebe. Mir wurde bewusst, dass mein Leben mehr ist als mein Beruf. Ich wünsche allen, dass sie sich die richtigen Fragen stellen, bevor sie gesundheitlich dazu gezwungen werden.

Mir selbst half, dass ich ein tolles Umfeld hatte. Ich habe eine tolle Karriere gemacht, tolle Menschen getroffen. Das hat dazu beigetragen, dass ich mich auf die Kernelemente des Lebens fokussieren konnte, nämlich gerne aufzustehen, gerne mein Leben zu leben und das Leben anderer schöner zu machen.

RS: Ich möchte nochmals auf das Thema Lebenslauf und Bewerbung zurückkommen. Wie gestaltet man den Lebenslauf, sodass er nicht im Stapel der 100 anderen untergeht?

AFvM: Es geht darum, den Lebenslauf auf zwei Seiten zu verdichten. Man muss auf den ersten Blick sehen können, wo die Person herkommt und ob da ein roter Faden drin ist. Lebensläufe werden heute sehr oft auf einem Smartphone oder Blackberry durchgesehen, da ist es noch wichtiger, sie kompakt zu halten. Also: zwei Seiten und roter Faden.

RS: Kannst du ein Beispiel nennen?

AFvM: Ich nehme gleich mich als Beispiel. Mein Hintergrund liegt in der Finanzindustrie mit internationaler Projekterfahrung. Seit drei Jahren habe ich mein eigenes Unternehmen und hatte davor bereits auch ein Startup mitaufgebaut. Nehmen wir an, ich will mich aufgrund meiner Erfahrung bei einem globalen Unternehmen oder einer globalen Organisation bewerben.

Wenn ich diese vier Punkte gut in einem Lebenslauf ausbaue, dann hilft das jedem, der ihn zum ersten Mal liest. Und damit meine ich, er muss die 22-jährige Mitarbeiterin in der Rekrutierungs-Abteilung im Unternehmen so sehr überzeugen, dass sie ihn weitergibt. Gleichzeitig muss er das Interesse beim 40- oder 50-jährigen Topmanager wecken, der für die Stellenbesetzung die Verantwortung trägt. Ziel ist, diese Person einzuladen, sich 15 bis 30 Minuten dafür Zeit zu nehmen, trotz eines vollen Terminkalenders.

RS: Das eine ist den Lebenslauf zu schreiben und zu versenden. Die andere Möglichkeit bietet sich heute durch die Darstellung auf den Social-Media-Plattformen wie XING und LinkedIn. Wenn ich mich so zurückerinnere, als ich vor ein paar Jahren ein XING-Profil angelegt habe, dann spüre ich heute noch, dass ich damals ein ziemlich mulmiges Gefühl hatte: Soll ich das überhaupt machen? Soll ich mich so öffentlich zeigen? Das war auch beim ersten Blog so, bei dem ich 2007 zu schreiben begann. Da veröffentlichte ich zunächst gar kein Foto von mir. Ich habe innerlich gerungen, es waren viele Ängste mit im Spiel. Wie erlebst du das bei dir selbst und auch bei deinen Klienten?

AFvM: Ich glaube, die Angst vor dem Internet ist groß. Ob sie berechtigt ist, sei einmal dahingestellt. Es heißt ja immer, was du einmal schreibst, das findet man ewig. Ich denke, es gilt auch hier, die richtige Balance zu finden.

RS: Wie können LinkedIn und XING bei der authentischen Darstellung von sich selbst und der Bewerbung konkret unterstützen?

AFvM: Es ist eine Grauzone, vor allem in der Schweiz, Lebensläufe weiterreichen zu dürfen. Sprich, wenn ich dir meinen Lebenslauf schicken würde, Regina, und sagen würde, du kennst doch jemanden, schicke ihn doch bitte weiter, dann ist rechtlich nicht ganz eindeutig, ob du mein Dokument überhaupt weiterreichen darfst.

LinkedIn hat da meines Erachtens sehr gut und professionell eine Lücke geschlossen. Dort kann man öffentliche Profile von sich zur Verfügung stellen. Das hilft vor allem bei Initiativbewerbungen. Aktuelle Zahlen zeigen, dass 50 Prozent aller neu besetzten Stellen über Empfehlungen und Netzwerke inklusive Online-Netzwerke vergeben werden. Soll man nun XING oder LinkedIn den Vorzug geben? Das kommt darauf an, wer die Zielgruppe ist. XING ist deutschsprachig und sehr stark in Europa vertreten. LinkedIn hat viel Marktanteil dazugewonnen. LinkedIn hat eindeutig aufgeholt und wird immer beliebter.

Bei LinkedIn kannst du einen Online-Lebenslauf erstellen, auch deine Firma mit Firmenlogo hinterlegen, es gibt die Funktion der Empfehlungen. Wenn man auf Stellensuche ist, bietet es sich wirklich an, ein aussagekräftiges Profil zu erstellen und den direkten LinkedIn-Link in die E-Mail-Signatur einzubauen. Ein schöner Weg, um zu sagen: Ich zeige dir, woher ich komme, ohne dir gleich meine Lebenslauf im Anhang aufs Aug zu drücken. Du kannst auch mit Artikeln auf dich aufmerksam machen. Und es ermöglicht dir zudem, versteckt anzukreuzen, dass du auf Stellensuche bist. Du kommst damit auf die Listen der Recruiter, Headhunter und HR-Consultants, ohne dass du deinen Kontakten öffentlich machen musst, dass du eine Stelle suchst. LinkedIn hat mittlerweile mit seiner App eine Community geschaffen, die von einigen Managern fast ähnlich benutzt wird wie Facebook, nur in einer anderen Zielgruppe.

RS: Apropos Facebook. Was hältst du davon?

AFvM: Da werde ich oft darauf angesprochen. Facebook hat unterdessen eine Vorstufe von XING und LinkedIn erreicht. Das heißt, auch Facebook wird immer mehr beruflich gebraucht, um in Kontakt zu bleiben. Ich rate, sich sehr bewusst zu sein, was man dort postet und wer diese Dinge sieht. Es ist üblich, Bewerber nicht nur zu googeln, sondern auch nach ihnen auf Facebook – sowie übrigens auch auf XING und LinkedIn – zu suchen. Es ist wirklich schade, wenn man in einer weiteren Runde in einem Interviewprozess ist und aufgrund eines Bikinifotos von vor zwei Jahren den Job dann nicht bekommt.

Achtsamkeit und Behutsamkeit ist das, wozu ich im Umgang mit dem World Wide Web rate. Sich lieber mit Zwergenschrittchen in diese Welt wagen, wenn sie einem nicht behagt, als zu viel zu teilen.

Das Wichtigste für unseren Weg

RS: Alexandra, ich möchte gerne zur Schlussfrage überleiten. Stell dir vor, wir nehmen auf unserem Weg der Berufung einen Rucksack mit und packen darin alles ein, was das Wichtigste für unsere Reise ist. Was nimmst du mit?

AFvM: Mein erster Gedanke war ein Sackmesser, das kann man wirklich immer brauchen.

RS: Sehr schweizerisch!

AFvM: Ein Sackmesser. Ein Blatt Papier. Einen Schreiber und ein Handy. Das würde ich mitnehmen, das würde ich auch empfehlen.

Aus meiner Sicht als Beraterin für Bewerbende und Klein- und Mittelunternehmen geht es wirklich darum, auf sein Bauchgefühl zu hören. Welche Entscheidungen treffen wir denn nur aufgrund von Fakten und Zahlen? Sei dies, wenn es um eine Wohnung geht, den Partner oder die Freunde. Ich plädiere sehr dafür, auch bei der Jobsuche mehr vom Kopf in den Bauch zu gehen. Sagt dir dein Bauchgefühl ja, sagte es dir nein? Meistens ist es richtig.

RS: Herzlichen Dank für das Gespräch, Alexandra.

Alexandra Fingerhuth-von Muralt

Alexandra Fingerhuth-von Muralt gründete 2012 ihr eigenes Unternehmen. Sie bietet individuelle Beratung bei Bewerbungs- und Rekrutierungs-Prozessen. Nach ihrem Politikstudium baute sie als HR-Consultant ein Start-Up mit auf und strebte eine internationale Karriere als Projektleiterin in der Finanzindustrie und der Entwicklungshilfe in einem Malariaprojekt im westafrikanischen Ghana an.

www.papillo.ch

Reingard Gschaider: Charisma zeigen und mit dem Mut zum Ausdruck mehr bewirken

Charisma ist zauberhaft, aber keine Zauberei. Es ist Ausdruck der echten, der ureigensten Persönlichkeit eines Menschen. Es muss daher nicht antrainiert, sondern kann entfaltet werden. Wir können Schritt für Schritt unsere Leuchtkraft wiederentdecken und zum Ausdruck bringen. Wir entzünden dann auch andere Menschen mit unserem Feuer und unserer Begeisterung. So werden wir zur charismatischen Führungskraft.

Regina Schlager (RS): Reingard, was verstehst du unter Berufung?

Reingard Gschaider (RG): Ich sehe bei Berufung zwei Aspekte. Auf der einen Seite ist die Berufung von innen. Ich glaube, die erlebt wirklich jeder Mensch. Die Seele ruft einen, das Herz ruft einen, wie immer man das nennen möchte. Diesen Ruf höre ich, wenn ich mit mir verbunden bin, wenn ich wahrnehme, wo meine Stärken liegen und dem folge.

Carl Rogers verwendete dafür ein wunderbares Beispiel: Menschen gleichen in ihrem Streben zu wachsen und sich auszudehnen Kartoffeln, die im Keller liegen. Im Keller ist es dunkel, doch wenn da nur der allerkleinste Lichtstrahl hinkommt, dann treiben diese Kartoffeln aus. Auch wenn sie nicht mehr in der Erde liegen und es ihnen quasi nichts mehr bringt, so versuchen sie doch unter allen Umständen, noch mehr zu werden. Er sah das als das grundsätzlich Menschliche an: Wir haben diesen Drang zu wachsen und uns Neues zu erobern. Ich glaube, das erlebt jeder Mensch. Es kommt halt darauf an, ob ich hinhöre. Obwohl es ganz zentral ist, nenne ich das die kleine Berufung.

Dann gibt es aus meiner Sicht auch noch so eine Art große Berufung. Die habe ich selbst noch nicht erlebt. Zumindest bisher nicht, sie kann ja noch kommen. Darunter verstehe ich eine Aufgabe, die von außen an einen herangetragen wird. Mein Beispiel dafür ist Jonas aus dem Alten Testament, eine meiner Lieblingsgeschichten aus unserer Tradition. Als Jonas von Gott zum Propheten berufen wird, läuft er nämlich erst einmal davon. Er will diese Aufgabe gar nicht haben. Das finde ich sehr schön und tröstlich. Ich glaube, diese Art von großer Berufung ist nicht immer toll und gleich Erfüllung, sie ist verbunden mit einer großen Herausforderung.

RS: Bei den Beispielen, die mir selbst begegnet sind, hatte ich auch den Eindruck, dass die Menschen zunächst zurückschrecken, weil ihnen die Aufgabe so groß erscheint und sie sich das zunächst nicht zutrauen. Dann wachsen sie langsam hinein.

Charisma bedeutet, etwas in anderen zu entzünden

Du verwendest in deiner Beratungstätigkeit viel den Begriff Charisma. Was macht für dich einen Menschen mit Charisma aus?

RG: Der Bedeutungskern liegt für mich darin, dass man andere begeistern und anzünden kann. Es ist allerdings auch – so wie Berufung – ein Begriff mit vielen schillernden Facetten. Ursprünglich kommt das Wort aus dem Griechischen. Da gibt es die Chariten, bei den Römern dann Grazien genannt, die eine besondere Gabe haben, mit Menschen umzugehen, zu leuchten und vielleicht auch vorauszugehen.

Später im frühen Christentum kommt der Begriff wieder in der Apostelgeschichte vor. Es ging um das persönliche Charisma eines Menschen, der eine gewisse Gabe bekommt, die gleichzeitig eine Aufgabe ist. Das hat nicht unbedingt etwas mit Führungsfunktion zu tun.

Ich meine, Charisma braucht immer den anderen. Für mich selbst kann ich nicht charismatisch sein, es geht wirklich um diese Ausstrahlungskraft, mit der ich andere begeistern, sie mitnehmen kann. Vielleicht wecke ich auch Zuversicht und Hoffnung in ihnen.

RS: Wenn ich Charisma höre, dann spielt für mich mit, dass ein Mensch von innen heraus etwas ausstrahlt. Ich frage mich jetzt, inwiefern ein Mensch, der andere ansteckt und entzündet, diese kleine oder große Berufung lebt. Hat das für dich einen Zusammenhang?

RG: Ja, ich meine schon. Ich stimme dir zu, dass es natürlich etwas mit Ausstrahlung zu tun hat. Ich kann in jemand anderem nichts wecken, wenn nicht in mir selber etwas brennt, das nach außen strahlt. Wenn ich meine kleine innere Berufung lebe, dann kann sie zu der großen äußeren werden. Denn dann habe ich den Mut, das zu zeigen, wozu mich meine Seele auffordert und mein Herz mich drängt. Ich bin einerseits ganz bei mir und traue mich gleichzeitig auch ausdrucksvoll zu sein.

Die meisten, die in ihren Berufen eine große Leistung erbringen, fangen auf einer kleinen Ebene an. Nach zwei Jahren oder nach 20 Jahren, wird daraus etwas Großes, woran sie am Anfang noch gar nicht dachten.

RS: Wie war denn dein eigener Weg hinsichtlich Berufung? Möchtest du ein wenig erzählen?

RG: Da mache ich mal eine kleine Zeitreise mit dir, wenn das in Ordnung ist.

RS: Ja, durchaus, ich bin gespannt.

RG: Ich bin wie du auch Österreicherin. Bei uns gab es zusätzlich zum Gymnasium-Abitur, Matura heißt das in Österreich, noch die Möglichkeit, eine berufsbildende höhere Schule im technischen oder kaufmännischen Bereich zu besuchen. Da schließt man mit der Matura und mit einer Berufsausbildung ab. Ich entschied mich mit 14 für eine kaufmännische Schule, weil ich dachte, dass ich nachher nicht studieren, aber dennoch die Matura machen will. Und ich habe mich völlig falsch entschieden.

Das war eine Schule, die nicht im mindesten meinen Fähigkeiten und Neigungen entsprach. Ich hätte wahrscheinlich auf ein musisches Gymnasium gehört. Aber ich komme vom Land und wurde ganz praktisch erzogen. Für mich selbst kam es auch überhaupt nicht in Frage, die Schule zu schmeissen oder zu wechseln. Ich zog die fünf Jahre durch. Und das war äußerst schwierig, weil ich mich mit Dingen wie Rechnungswesen und Betriebswirtschaft beschäftigen musste.

Ich wusste sehr lange nicht, was ich werden will

In den letzten zwei Jahren der Schule wurde ich immer wieder gefragt, was ich nachher machen will. Ich hatte keine Ahnung. In dieser Schule gab es kein Berufsbild für mich. Als mich eine Lehrerin aus einer früheren Schule fragte, antwortete ich: Irgendetwas mit Büchern. Das Einzige, was ich gerne tat, war lesen.

Diese Lehrerin sagte dann zu mir: Aber Reingard, du bist doch so begabt, du müsstest doch Schauspielerin werden. Ich hatte immer Theater gespielt, Bauerntheater und Schultheater. Allerdings bin ich in Verhältnissen aufgewachsen, da war das so weit weg, dass das überhaupt ein Beruf ist. Das musste einfach wer aussprechen. Und da war es um mich geschehen. Meine Eltern sagten mir, dass ich schon Schauspielerin werden kann, ich würde dann aber nie viel Geld haben. Ich absolvierte die Matura und sagte mir: Jetzt arbeitest du mal ein Jahr, wenn du dann immer noch willst, dann bewirbst du dich an Schauspielschulen.

Dann machte ich verschiedene Jobs, bei einem Rechtsanwalt, in einer Spedition, bei einer Immobilienmaklerin, alles Büroarbeiten. Das hat mich noch mehr bestärkt, dass das nicht meine Welt ist. Und tatsächlich bewarb ich mich dann in Wien am Reinhardt-Seminar.

Ein innerliches Ringen

Worum es mir jetzt ganz besonders geht, ist mein innerer Prozess vorher, bevor ich mir erlauben konnte, diesen Weg zu gehen. Ich hatte ganz stark innerlich mit mir gerungen, ob Schauspielerin nicht ein total egoistischer Beruf ist. Es ist nichts Handfestes, wie Wunden verbinden – und dann macht es auch noch Spaß. Also darf ich so etwas tun, nur zu meiner eigenen Freude? Ich habe halt eine starke soziale Ader.

Ich fand meine Tagebücher aus jener Zeit. Nach vielen Jahren stieß ich also auf meine Antwort, die ich mir damals gegeben hatte: Nur wenn ich selber glücklich bin, habe ich eine Chance, andere glücklich zu machen. Das hat mir die innere Erlaubnis gegeben, diesem Weg zu folgen, der einfach erstmal nur mich glücklich macht. Später konnte ich dann natürlich feststellen, dass die Menschen, die ins Theater kommen, etwas davon haben. Im Moment übe ich das Schauspiel nicht mehr aus, gehe aber gerne ins Theater, auch in Konzerte und Museen. Ich weiß, wie elementar Kunst als Nahrung für die Seele ist. Das kann ich heute mit einem größeren Bewusstsein ganz anders ansehen.

Dann war ich viele Jahre am Theater. Was ich auch immer schon gerne gemacht habe, war unterrichten. Schon mit 12 spielte ich mit Freundinnen nachmittags Schule. Ich unterrichtete daraufhin an einer Schauspielschule und wurde immer wieder für Seminare angefragt.

Als sich dann mein privates Umfeld veränderte und ich der Liebe wegen nach Deutschland ging, hinterfragte ich mich nochmals. Ich schlug beruflich einen Richtungswechsel ein, es ging nun ums Lehren und Unterrichten in Verbindung mit dem, was ich vorher gelernt hatte, nämlich Auftreten.

RS: Das klingt für mich nach einem roten Faden: Du verbindest das, was du gelernt hast, gut kannst und auch gerne machst. Dein Talent hat sich schon früh gezeigt und du hast dich nicht abhalten lassen, deinem Weg zu folgen.

Den Mut entwickeln ausdrucksvoll zu sein

Wie entwickeln wir denn den Mut, ausdrucksvoll zu sein und uns zu zeigen? Wie ist es denn bei den Menschen, mit denen du als Redetrainerin und Auftrittscoach arbeitest? Ich nehme an, da gibt es welche, die anfangs nicht unbedingt gerne vor 300 Leuten eine Rede halten. Wie begleitest du sie, dass sie sich trauen?

RG: Das ist auch eine ganz vielschichtige Sache. Jeder ist ganz individuell und die Angstblockaden sitzen auch nicht alle genau an der gleichen Stelle. Aber womit alle mehr oder weniger zu tun haben, das ist die Angst, negativ beurteilt zu werden. Das ist die Hauptangst. Letztlich steht hinter der Angst, öffentlich zu sprechen, nichts anderes.

Wenn ich mich da hinstelle, werde ich betrachtet, begutachtet, vermutlich werden nicht alle meiner Meinung sein. Ich bin exponiert und angreifbar.

Es gibt natürlich verschiedene Wege, das anzugehen. Einer ist, dass ich mit meiner Klientin ein Worst Case Szenario erarbeite. Irgendwann kommt es fast immer zum Punkt, dass sie lacht. Alleine sich da einmal bewusst hineinzudenken, das enthüllt manchmal die Übertriebenheit der Angst. Ein anderer Weg ist, sich so gut es geht vorzubereiten. Ich muss mindestens 120 Prozent vorbereitet sein, vielleicht sogar 150 Prozent, damit ich dann die vollen 100 Prozent zur Verfügung habe. Mein Mann war klassischer Konzertgitarrist. Er sagte einmal zu mir: Wenn ich 100 Prozent vorbereitet bin vor einem Konzert, dann kann ich nur 80 Prozent liefern. Da ist ein bisschen Nervosität, der Raum ist anders, als ich es gewohnt bin, dann sind vielleicht die Finger kalt.

Am Anfang ist es hilfreich, sich auf alle Eventualitäten und Einwände einzustellen, bis zur Technik, die ausfällt. Ich habe vielleicht vor, mit Powerpoint zu arbeiten. Was mache ich, wenn alles ausfällt? Wie kann ich das trotzdem gut über die Bühne bringen?

RS: Das klingt ziemlich aufwendig. Wird das dann im Lauf der Zeit spontaner?

RG: Ja, auf alle Fälle. Natürlich gibt es auch beim Reden vor Menschen Begabungen. Ich bin eine solche Begabung. Ich habe das einfach mitgebracht, es ist mir von Anfang an relativ leicht gefallen – aber ich habe auch viel daran gearbeitet, noch besser zu werden. Die Fleißigen kommen oft weiter als die Begabten, wenn die nichts tun. Ich habe einige Beispiele erlebt, wo sich jemand zunächst gar nicht traute, eine Rede zu halten, und dann nach ein paar Jahren gesagt hat, sie hätte sich nie vorstellen können, so frei zu sprechen. Man kommt auf alle Fälle irgendwann in diesen Zustand der Kompetenz. Dann kann ich auch spontan sprechen, wenn ich mit dem Thema vertraut bin. Da muss ich manchmal gar nichts vorbereiten.

Die Lust wecken, auf der Bühne zu stehen

RS: Ich habe mir auf deiner Webseite die Kundenstimmen angeschaut. Eine ist mir besonders aufgefallen, die finde ich herrlich. Eine Frau schreibt, sie hätte sich selbst gar nicht wiedererkannt. Als ihr Name genannt und sie um ihren Vortrag gebeten wurde, sei sie mit einem innerlichen »Jawohl, jetzt komme ich!« aufgesprungen und nach vorne gelaufen. Das wäre ein super Gefühl gewesen. Diese Szene stelle ich mir gerne vor.

RG: Also das ist genau das, was ich mit meiner Arbeit bewirken möchte. Dass eine gewisse Lust an der Bühne geweckt wird. Dass es auch Spaß machen kann, da vorne zu sein. Dass es nicht nur Angst macht, sondern über mehrere Schritte eine Art von Meisterschaft entsteht und ich dann ein bisschen spielen und das auch genießen kann.

Regina, hast du schon einmal einen Vortrag erlebt, wo du das Gefühl hattest, dass die Person, die vorne spricht, lieber nicht vorne gewesen wäre?

RS: Das habe ich schon erlebt.

RG: Und wie ging es dir da im Publikum? Wie hast du dich als Zuhörerin gefühlt?

RS: Es ist keine Begeisterung übergesprungen. Es hat sich eher müde und energielos angefühlt.

RG: Ja, es hat etwas mit Energie zu tun. Ist dir noch etwas aufgefallen?

RS: Es kam trocken rüber, nicht sehr interessant. Jetzt fällt mir auf, dass es mir irgendwie selber unangenehm war, weil ich das Gefühl hatte, die Person vorne fühlt sich nicht wohl. Das ist wohl auch ein persönliches Thema, man spricht da von Fremdschämen.

RG: Ja, das ist ein persönliches Thema. Und es ist gleichzeitig weit verbreitet. Ich frage das in den Seminaren, und diese Antwort kommt eigentlich immer. Im Publikum leidet man mit dem Vortragenden mit.

Man fühlt sich überhaupt nicht wohl. Ich hab dich das gefragt, weil der Umkehrschluss wichtig ist.

Wenn ich diese Position da vorne habe, in einem Seminar, in einem Meeting, wo auch immer ich etwas vorstelle, dann gehört es zu meiner Stellenbeschreibung, dass ich hier den Ton angebe. Eine Situation hat bestimmte Rollen. Das ist eine Art von Rollencharisma, das hat mit mir persönlich erst mal gar nichts zu tun. Alleine von der Konstellation her übernehme ich die Führung. Mit je größerer Lust und Selbstverständlichkeit ich das mache, desto leichter mache ich es meinem Publikum, mir zuzuhören und sich darauf einzulassen. Eigentlich mich zu vergessen. Sie müssen sich keine Gedanken um mich machen, sie können sich auf das konzentrieren, was ich sage.

Den eigenen Handlungsspielraum erweitern

RS: Kann man sich zeigen, wie man wirklich ist? Was bedeutet das für dich? Da ist vielleicht ein eher scheuer Mensch, der sich trotzdem auf die Bühne wagt. Vielleicht hat er schon so viel geübt, dass er sogar gerne spricht. Und dennoch hat er dann womöglich die Tendenz, sein ruhiges Wesen zu überspielen, weil er weiß, er soll jetzt eine bestimmte Rolle übernehmen.

RG: Meine Erfahrung ist: Es kann sich sowieso niemand vorne hinstellen und nicht er oder sie selber sein. Denn selbst in dem Versuch, etwas zu überspielen, bin ich ja ich selbst. Der Mut ist, nahe genug an sich dran zu bleiben. Also wenn ich ein eher scheuer Mensch bin, dann werde ich vermutlich keine großräumigen Gesten machen, meine Stimme wird wahrscheinlich nicht sehr laut sein, ich werde mich vielleicht nicht viel bewegen. Das ist in Ordnung. Ich muss aus so jemandem nicht einen ganz temperamentvollen Redner machen, das wäre tatsächlich zu weit gegriffen.

Es geht darum, diese Person zu bleiben, die eben etwas ruhiger ist, vielleicht auch mehr nachdenkt, gleichzeitig aber Schritt für Schritt meinen Handlungsspielraum zu erweitern. Wie ist es denn, wenn ich doch einmal anders dastehe, doch etwas lauter spreche oder das Mikrophon gut benutze, damit man mich bis in die letzte Reihe hören kann? Denn ich bin nur dann frei, wenn ich etwas tun und es auch lassen kann. Wenn ich je nach Situation unterschiedlich reagieren kann.

Erst, wenn ich weiß, was ich tue, kann ich tun, was ich will. Redetraining, Sprechtraining und Auftrittscoaching ist in erster Linie nichts anderes als Bewusstseinsschulung. An zweiter Stelle kann ich Handwerkszeug erwerben, um die Schwachstellen, die ich entdecke, zu verbessern. Viele schätzen sich übrigens viel schlechter ein, als sie rüberkommen. Auch diese Frage gehört zum Bewusstwerden: Was kann ich denn eigentlich schon gut?

Das Wichtigste für unseren Weg

RS: Reingard, stell dir vor, wir nehmen auf unserem Weg, auf dem wir mutig mit dem Herzen führen und unsere Berufung gestalten, einen Rucksack mit. Da packen wir hinein, was für unsere Reise das Wichtigste ist. Was ist bei dir drin?

RG: Ich glaube, wir brauchen einen leeren Rucksack. Wenn wir uns auf den Weg der Berufung machen, dann haben wir zumindest für das Losgehen immer schon alles, was wir brauchen. Davon bin ich überzeugt. Ich erlebe das an mir. Und dass der Rucksack leer ist, heißt nicht, dass er leer bleiben muss. Wenn dann die Herausforderungen kommen und Dinge, die ich noch nicht kann, dann gilt es zu lernen und den Rucksack mit dem zu füllen, was ich mir neu erwerbe.

Und ich würde mir Wegbegleiter mitnehmen. Also Menschen, die einerseits das gut ergänzen, was mir fehlt. Bei mir sind das die Detailsachen, weil ich eine Generalistin bin. Und andererseits Menschen, denen ich mit dem, was ich als Stärke mitbringe, eine Bereicherung sein kann.

RS: Den leeren Rucksack hat bislang noch keine meiner Gesprächspartnerinnen erwähnt. Es erinnert mich an den Anfängergeist aus der ZEN-Tradition. Es hat für mich auch damit zu tun, dass wir die Zuversicht spüren, schon gut genug zu sein, genug zu haben und bereits angekommen zu sein. Immer wieder in diesem Grundvertrauen unterwegs zu sein. Das finde ich sehr schön zur Abrundung jetzt am Schluss. Somit schließt sich der Kreis.

Herzlichen Dank für das Gespräch, Reingard.

Reingard Gschaider

Reingard Gschaider ist Charisma-Expertin und Buchautorin. Im Rahmen ihrer Schauspielausbildung am Wiener Max-Reinhardt-Seminar studierte sie vier Jahre lang Körpersprache bei Samy Molcho und lernte später Spiraldynamik bei Dr. Christian Larsen. Nach 20 erfolgreichen Theaterjahren gründete sie ihr Unternehmen, eine Rednerschule, die ihre Kundinnen und Kunden zu charismatischen Sprechern macht.

www.carisma-training.de

5 Was uns im Weg ist, ist der Weg

Es ist kraftvoll, sich die eigene erfüllte Zukunft mit allen Sinnen auszumalen und eine Vision zu haben. Gleichzeitig können wir bereits in der Gegenwart ein Gefühl von Angekommensein in uns tragen: Andernfalls jagen wir permanent einem Zukunftsbild hinterher und leben nicht in der Gegenwart.

Klar, es gibt vieles, das wie ein Hindernis auf unserem Weg liegt. Wir nehmen das als Blockaden wahr. Zum Beispiel: Ich habe keine Zeit, mich mit dem zu beschäftigen, was mir wirklich gut tut. Oder: In meiner Partnerschaft kriselt es. Oder: Ich habe kein Geld.

Das ist nicht angenehm. Wir dürfen uns Selbstmitgefühl entgegenbringen, wenn etwas nicht so ist, wie wir es uns wünschen. Nicht immer fühlen wir uns glücklich, entspannt oder begeistert. Die Konfrontation mit dem, was wir als blockierend erleben, gehört wesentlich zu unserem Wachstumsprozess dazu.

Die Erwartungshaltung unserer westlichen Kultur, alles solle immer leicht gehen und Spaß machen, prägt jeden von uns. Wir bekommen die Vorstellung eines permanenten Wohlfühlglücks mit, für das wir selbst verantwortlich sind. Fühlen wir uns deprimiert, interpretieren wir das leicht als persönliches Scheitern. Das ist aber kein individuelles Problem, sondern ein gesellschaftliches Phänomen. Es ist kein trivialer Schritt, hier innezuhalten und die gängigen Vorstellungsmuster zu hinterfragen.

Das Leben wird nie perfekt sein. Wenn wir darauf warten, dass alles 100 Prozent richtig für uns läuft, wir ohne Schmerzen sind und uns immer *happy* fühlen, dann verpassen wir mindestens die Hälfte unseres Lebens. Das *richtige* Leben findet nicht irgendwann oder irgendwo statt. Wir leben es und es lebt uns von Augenblick zu Augenblick und in jedem Schritt, den wir tun.

Sie sind bereits wunderbar unterwegs. Sie übernehmen Verantwortung für Ihr Leben. Sie gehen in Führung. Mit Kraft und mit Herz.

Bleiben Sie dran. Schritt für Schritt. Probieren Sie Ansätze und Methoden aus, die in diesem Buch vorgestellt werden. Seien Sie kritisch, schauen Sie, was für Sie passt.

Und Sie müssen diesen Weg nicht alleine gehen! Dass wir voneinander getrennt sind und in Konkurrenz zueinander treten müssen, ist eine Geschichte über die Welt und uns Menschen, die wir uns schon lange erzählen. Es ist eine mögliche Sichtweise, wir können auch eine andere wählen. Ich lade Sie ein, gemeinsam an einer neuen Geschichte zu weben, die uns lebendig macht und alles Leben unterstützt.

Es liegt so viel Kraft in der Begegnung mit Menschen, die ebenfalls erkunden wollen, wer sie sind und was sie zu geben haben. Schließen Sie sich doch mit anderen zusammen, teilen Sie Ihr Wissen und Ihre Erfahrungen, Ihre Erfolgserlebnisse und auch Ihre Zweifel und Ängste, lernen Sie miteinander und voneinander. Anregungen dazu finden Sie auf der Buchwebseite:

www.reginaschlager.ch/mutig-mit-dem-herzen-fuehren-das-buch

Über Regina Schlager

Eine gesundheitliche Krise im Jahr 2006 öffnete für mich eine intensive Phase des Umbruchs, der Neuorientierung und der persönlichen und professionellen Entwicklung. Ich kündigte meine Position als Expertin für Wissensmanagement, Aus- und Weiterbildung in einem internationalen Beratungsunternehmen in Wien, zog nach Zürich und machte mich hier mit meinem Unternehmen selbständig.

Heute unterstütze ich als zertifizierter Coach und Embodied-Life-Guide Menschen dabei, mutig mit dem Herzen zu führen, sinnvolle Arbeit zu gestalten und der Welt ihren einzigartigen Beitrag zu schenken. Als geerdete Philosophin liebe ich es, in die Tiefe zu gehen, zu verbinden und gemeinsam mit anderen eine lebenswerte Welt zu verwirklichen. Ich bin selbst auf dem Weg. Schritt für Schritt.

Ihre Rückmeldungen, Fragen und Anregungen schätze ich sehr. Schreiben Sie mir an meine persönliche E-Mail-Adresse:

rs@reginaschlager.ch

Gerne bleibe ich mit Ihnen in Kontakt:

www.reginaschlager.ch/de/newsletter

www.reginaschlager.ch/de/blog/berufung-gestalten